EL PODER SANADOR DE LA
CÁBALA

Guía Para Principiantes En El Poder Curativo De La Cábala:
Cuerpo, Alma Y Relaciones En Armonía

Neville Jung
www.TusDecretos.com

Edición original en español:
El Poder Sanador de la Cábala
Neville Jung
www.tusdecretos.com

Primera edición marzo de 2023
Derechos reservados. Ninguna parte de este libro puede ser reproducida o transmitida en cualquier forma o por ningún medio electrónico o mecánico, incluyendo fotocopiado, grabado o por cualquier almacenamiento de información o sistema de recuperación, sin permiso escrito de TusDecretos.com.

Nota importante de exención de responsabilidad: Este libro es solo para propósitos educativos y de entretenimiento. El autor ha hecho todo lo posible para proporcionar información completa, precisa, actual y confiable, pero no se puede garantizar. El autor no es un experto en asesoramiento legal, financiero, médico o profesional. La información en este libro se ha recopilado de diferentes fuentes, por lo que es importante que consultes a un profesional antes de probar cualquier técnica descrita. Al leer este libro, aceptas que el autor no se hace responsable de ninguna pérdida directa o indirecta que pueda surgir por el uso de la información proporcionada, como errores o inexactitudes.

COPYRIGHT© www.TusDecretos.com

Contenido

Introducción 1

Parte I - Las Cuatro Relaciones 3

  Capítulo I - La Tradición Mística 4

    La Cábala Y Las Cuatro Relaciones 7

    Dinero 16

    Las Cuatro Relaciones Y La Salud 17

  Capítulo II - Los Patrones Del Universo 21

    El Gran Patrón Único 23

    El Marco Subyacente 27

  Capítulo III – El Árbol De La Vida 31

  Capítulo IV - Ascenso Y Descenso Por El Árbol 43

    Ascender Por El Árbol 44

    Descenso por el Árbol 46

    El Viaje de Sanación: De la Cúspide al Raíz 51

Parte II - Nuestra Relación Con La Divinidad 59

  Capítulo V - La Esencia De Lo Divino 60

    Reflexiones sobre la Religión y la Espiritualidad 62

    Un Árbol Arraigado En Lo Divino 63

    Hacer a Dios a nuestra imagen 66

    Estar centrado 68

    Principios 70

  Capítulo VI - Las Tríadas Laterales De Intelecto Y Principio 74

    La Tríada De La Mano Izquierda 80

    La Tríada De La Mano Derecha 81

    La Verdad 83

  Capítulo VII – En El Comienzo 86

    Descubriendo El Origen 88

Reabrirse Al Entendimiento 88

La Esencia De La Gracia 91

Capítulo VIII - Desvirtuando La Creencia En Un Dios Celoso 93

El Primer Mandato 93

La Respuesta Divina y la Decisión Humana 95

Jesucristo y Cristo Jesús 97

Capítulo IX - La Imagen Esculpida y el Yo Soy 103

El Segundo Mandamiento: Jojmá 103

El Tercer Mandamiento: Biná 106

Capítulo X - Sanando Nuestra Conexión Con Lo Divino 111

La Plegaria de la Gracia 111

Descendiendo por el Árbol mediante la luz 112

Descenso por la Columna Central del Árbol 114

Oración Contemplativa 115

Estableciendo un Espacio Sagrado para la Divinidad 118

Desarrollando tu Interpretación del Mundo 120

Creando un Espacio de Conexión Espiritual 122

Visualiza a la Madre Divina 123

Afirmaciones 124

El Principio Del Diezmo Temporal 126

Superando La Resistencia Interna 129

Purifica Tu Espacio Interior 129

El Desafío De La Resistencia 130

Adopta El "No Lo Sé" 130

Contemplación Estelar 131

Amar lo Indefinido 133

PARTE III - La Relación Con Uno Mismo 135

Capítulo XI - El Alma 136

Jesed - Honra El Sabbath Y Santifícalo 139

Geburá - Honra A Tu Madre Y A Tu Padre 141

Tiféret - No Matarás 145

El Deseo De Morir... 146

Las Tríadas Emocionales: Dolor y Placer............................... 148

Tríada Emocional Del Placer 150

Tríada Emocional Del Dolor... 152

Capítulo XII - Técnicas De Sanción Para Nuestra Relación Con Nosotros Mismos 154

    Meditación 154

    Haz Algo Nuevo Cada Día 155

    Practica Ho'oponopono 157

    Leer Y Aprender... 158

Parte IV - Nuestra Relación Con Los Demás 159

Capítulo XIII - Despertar... 160

    Éxodo... 163

    El Desierto... 166

    Las Diez Plagas Y Su Correlación Con El Árbol De La Vida... 167

    Regreso Al Desierto.. 169

Capítulo XIV - Los Preceptos Diarios 173

    Netsaj 175

    Hod 178

    Yesod 180

    Técnicas de Sanación para Nuestras Relaciones...................... 184

Parte V - Nuestra Relación Con La Tierra............................189

Capítulo XV - Nuestra Madre Tierra 190

    Mailjut... 191

    Fortaleciendo Nuestra Conexión Con La Tierra 196

    Celebra A La Gran Madre... 196

    Meditación Con Flores En El Árbol De La Vida 198

    Conexión Terrenal 200

    Transformación en Montaña 200

    Conexión Terrenal 201

    Paseos Y Baños En Oscuridad 202

    Visitas A La Naturaleza Y La Vida Salvaje 203

    Comunión Con Un Árbol 204

    Acampada Al Natural 204

Cierre y Despedida 206

Anexos: Meditaciones Adicionales 209

    A Través De Las Sefirot 210

    Tikun Olam y Tikun HaNefesh 214

    Los Cuatro Mundos: Azilut, Beriah, Yesirah y Assivah 218

    Shevirat HaKelim (la Rotura de los Vasos) 222

    Pardes (El Huerto) 226

    El Árbol de la Vida 230

    Ain Soph Aur (La Luz Ilimitada) 234

    Zimzum 238

    Olamot 241

    Or HaGanuz 244

Otros libros 247

Introducción

La Cábala, término hebreo que significa "recibir", representa una tradición ancestral que se ha perpetuado a lo largo de los tiempos, manteniendo su relevancia para todas las culturas y épocas. Esta perpetuidad se asegura a través de sus estructuras fundamentales, como el Árbol de la Vida y la Escalera de Jacob, que salvaguardan su esencia contra la distorsión.

Históricamente, el estudio de la Cábala se mantuvo en secreto, un hecho que subraya su nombre, relacionado con lo oculto y el misterio. Sin embargo, con la llegada del siglo XXI, esta sabiduría es ahora accesible a nivel global, atrayendo a una variedad de grupos con distintas interpretaciones.

A pesar de las diferencias, es esencial reconocer que la diversidad de enfoques forma parte de la riqueza de la Cábala, permitiendo a cada individuo encontrar el camino que más resuene con su ser. La presencia del Árbol de la Vida en estas enseñanzas actúa como un pilar fundamental, indicativo de una comprensión auténtica de la Cábala.

La estructura de la Cábala, similar a un esqueleto en el reino animal, subraya la unidad subyacente de toda la creación. Esta enseñanza enfatiza la igualdad fundamental de todos los seres, independientemente de diferencias superficiales, pues en su núcleo, todos compartimos la misma esencia divina. La Cábala, en su esencia, busca la revelación del alma y el espíritu, aspectos de nuestro ser que trascienden las divisiones terrenales.

La experiencia acumulada a lo largo de décadas revela que la Cábala, más que un cuerpo de conocimiento, es una herramienta de transformación capaz de tejer procesos de curación personal y colectiva. Nos orienta sobre los desequilibrios en aspectos vitales como la salud, las finanzas y las relaciones, y nos guía hacia la armonización.

Esta obra no solo comparte conocimientos, sino que también refleja aprendizajes obtenidos a través de vivencias intensas, desde desafíos personales hasta superación de adversidades, demostrando el poder curativo de la Cábala. "Incurable" se interpreta aquí como una invitación a encontrar la curación desde dentro.

Las técnicas compartidas en este libro, fruto de una jornada personal de sanación, se presentan como opciones para explorar, sin pretender ser soluciones universales. La invitación es a experimentar, a convertir la información en sabiduría vivida.

En este recorrido, dejaremos de lado aspectos más dogmáticos o exclusivos de ciertas tradiciones, concentrándonos en cómo la estructura milenaria de la Cábala puede adaptarse a las necesidades contemporáneas, independientemente de las creencias o culturas individuales. La Cábala se presenta como un recurso inclusivo, diseñado para beneficiar a todos los que se acerquen a ella con apertura.

Neville Jung

www.TusDecretos.com

Parte I - Las Cuatro Relaciones

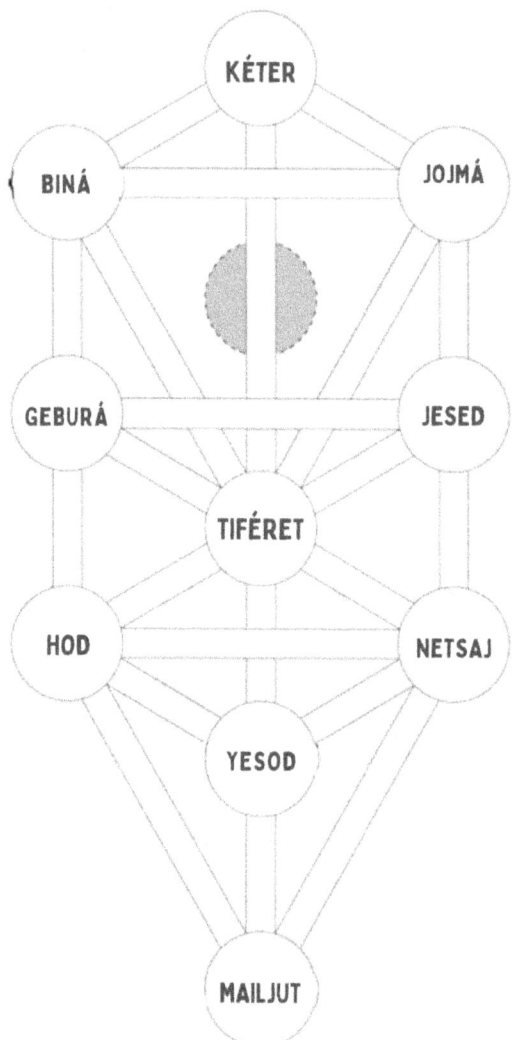

Capítulo I - La Tradición Mística

"Toda la creación es Una.

Toda la vida es relación."

La esencia de la creación reside en su unidad y en la interconexión de toda vida. A primera vista, podría parecer contradictorio afirmar que somos simultáneamente uno y parte de múltiples relaciones. No obstante, al igual que las células de nuestro organismo, que coexisten en completa armonía y dependencia mutua, así sucede en el vasto tejido de la existencia. La salud de este conjunto se ve amenazada cuando las conexiones se deterioran y no se reparan.

El proceso natural del cuerpo es buscar la curación, aspirar a la cohesión y la regeneración. Así, un daño físico se repara incluso en los momentos más críticos de la vida, a menos que el cuerpo entero esté comprometido gravemente.

Dentro de nosotros, albergamos innumerables vínculos: en nuestro cuerpo, alma, mente y cerebro, los cuales definen nuestra individualidad y determinan la salud de nuestro ser completo. Las relaciones genuinas y puras fortalecen esta unidad, mientras que aquellas que son falsas o dañinas erosionan el entramado de la creación.

Cada elemento del universo, desde el ser humano hasta el susurro del viento, ocupa un lugar específico, contribuyendo incluso con la mínima acción a la armonía o el desequilibrio global. Un simple acto de amor o de hostilidad puede propagarse desde nuestra esencia física hacia el exterior, afectando a nuestras relaciones más cercanas y extendiéndose en una cadena de influencias.

La capacidad de elegir entre difundir amor o discordia nos distingue en este mundo. A menudo, nuestras elecciones, aunque sean inconscientes o automáticas, generan impactos profundos, desde dañar la capa de ozono hasta debilitar nuestra capacidad de amar o discernir.

Como seres instintivos, tendemos a gravitar hacia lo familiar por seguridad, rodeándonos de aquellos que reflejan nuestras propias opiniones. Esta tendencia tribal, si bien natural como estrategia de supervivencia, es superada por el alma, cuya evolución espiritual desafía la comodidad de la conformidad.

Paradójicamente, cuando creemos actuar desde nuestra esencia más profunda, como en contextos religiosos, es posible que en realidad estemos movidos por nuestro ego. Reconocer esta distinción es clave para comprender las complejidades humanas en torno a la divinidad. La división entre "mi religión" y "la tuya" no refleja la perspectiva del alma.

Se puede identificar la confusión entre el alma y el ego cuando alguien asegura actuar "desde el corazón" o estar "guiado por el alma", pues ni el corazón ni el alma necesitan proclamar sus intenciones; es el ego el que busca reconocimiento y, en su naturaleza, puede engañar.

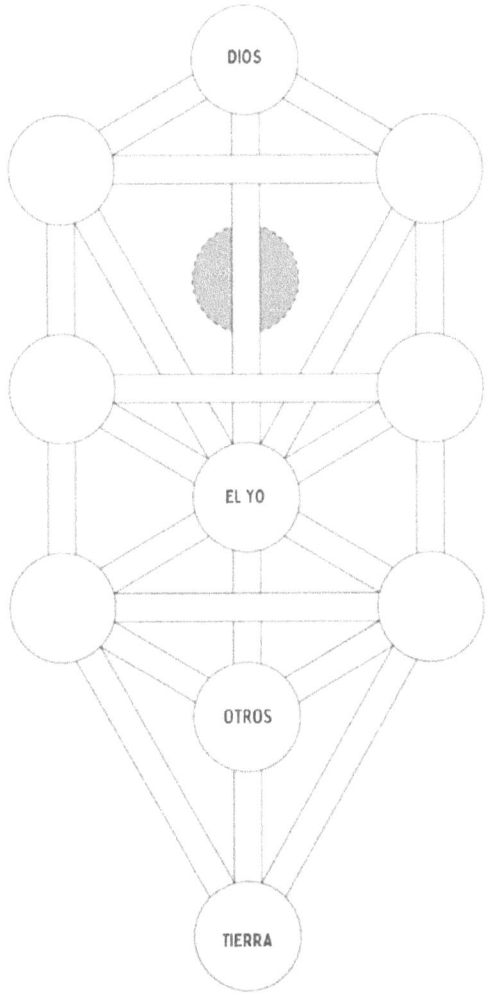

La Cábala Y Las Cuatro Relaciones

La Cábala se distingue no como una religión, sino como un intrincado telar que entrelaza diversos hilos para formar un tapiz que refleja nuestras fortalezas y debilidades internas. Nos orienta hacia una comprensión renovada de lo que debería ser la espiritualidad, liberándonos de las concepciones obsoletas y proporcionándonos una estructura sólida para tejer las bendiciones que resonarán con nuestra existencia actual.

Este telar tiene sus raíces en la Menorah, el candelabro de siete brazos que se encontraba en el Templo Sagrado de los antiguos hebreos, evolucionando hacia lo que hoy conocemos como el Árbol de la Vida. Este árbol simboliza las cuatro relaciones esenciales que debemos transformar para alcanzar la sanación: con lo Divino, con nosotros mismos, con los demás, y con la Tierra.

Estas relaciones abarcan desde lo más tangible, como nuestro cuerpo y el entorno físico, hasta lo más etéreo, como nuestra conexión con lo Divino. A menudo se concibe el Árbol de la Vida de manera vertical, con raíces terrenales, pero su verdadera enseñanza mística nos revela que se halla invertido: anclado en lo Divino, extendiéndose a través de nuestro espíritu, psique y culminando en la materialización de nuestra vida física. La clave está en fortalecer nuestra conexión primordial con lo Divino, pues de esta raíz robusta se derivará la renovación constante de los demás niveles de nuestro ser.

Si consideras que tu vínculo con lo Divino es sólido pero aún enfrentas adversidades, es momento de reflexionar nuevamente sobre esta relación.

La Primera Relación: Con Lo Divino

Una verdadera relación con lo Divino trasciende lo colectivo para convertirse en una experiencia profundamente personal, incluso íntima, donde la unión con lo Divino refleja una extensión mutua entre Dios y el individuo. Aunque esta sensación de unidad es rara, el amor recíproco entre la divinidad y uno mismo posee un poder curativo inmenso.

Este nivel espiritual se asocia con el elemento del Fuego, aludiendo a "los fuegos sanadores de la Gracia". El fuego simboliza la luz y el calor, pero también el poder de transformación y renovación. Al igual que un incendio forestal que propicia el crecimiento al abrir semillas, la divinidad transforma radicalmente, desafiando los intentos humanos de contención a través de la religión.

La posibilidad de crecer en una familia que fomente un lazo directo y amoroso con lo Divino es un regalo, aunque no sea lo común. Dios se encuentra en los espacios entre nuestros pensamientos, esos intersticios donde reside la verdadera importancia. Una relación sanada con lo Divino se asemeja a una sinfonía celestial, donde notas y silencios coexisten en armonía perfecta. Desde la infancia estamos abiertos a esta comunicación sublime, aunque con el tiempo, a menudo se nos enseña a cerrarnos a estas percepciones consideradas ilusorias o inadecuadas.

La experiencia mística personal, como una revelación de amor en su forma más pura, a menudo se guarda en secreto por temor a la incomprensión o al rechazo. Desde temprana edad, se nos instruye sobre lo que es "apropiado" creer, moldeando nuestras percepciones sobre lo divino. Esto conduce a una visión de la divinidad creada a imagen y semejanza humana, en lugar de lo contrario, reflejando las limitaciones de nuestra comprensión colectiva.

La percepción de la existencia de Dios es un tema profundamente subjetivo que refleja nuestras creencias personales y nuestra comprensión del mundo. La afirmación de que la fe en Dios es un engaño para aquellos que creen surge del escepticismo hacia lo trascendental, destacando la división entre la fe y el ateísmo. La creencia en Dios, según algunos, debería trascender el razonamiento lógico del cerebro y conectar más bien con las profundidades del alma, una dimensión donde la lógica y la razón no siempre tienen cabida.

La imagen que tenemos de Dios es fundamental, ya que moldea nuestra autopercepción, nuestra visión del mundo y de los demás, e incluso nuestra sensación de seguridad en el universo. Una conexión personal y profunda con lo Divino puede conducir a una experiencia de amor y unidad que abarca el amor propio, el amor hacia los demás y el respeto por el planeta. Sin embargo, la concepción de un Dios autoritario, como la presentada por muchas doctrinas religiosas tradicionales, puede llevar a sentimientos de temor, inferioridad, y un sentido de división tanto con nuestro entorno como con aquellos de creencias diferentes.

Esta visión restrictiva de la divinidad podría contrastar drásticamente con la noción de un universo inclusivo y amoroso, generando conflicto y desconexión. La idea de que si existieran barreras en el cielo, incluso Dios se encontraría en un estado de frustración, sugiere que las limitaciones humanas impuestas a la comprensión de lo divino son contraproducentes y distan mucho de la esencia verdadera de un ser supremo, que es amor y unidad.

La Segunda Relación: Con Nosotros Mismos

Nuestra relación con nosotros mismos navega entre lo personal y lo impersonal, fusionando nuestras propias convicciones con las percepciones que otros proyectan sobre nosotros. Lo "personal" se refiere a sentirnos conectados, aunque no necesariamente seguros, mientras que lo "impersonal" emerge cuando adoptamos las opiniones del colectivo o la opción que nos parece más segura, aun cuando nos incomode. Aunque nuestra alma conoce nuestra verdadera esencia como manifestaciones de lo Divino, es el ego quien aprende y asimila cómo los demás nos definen, a través de interacciones con padres, cuidadores, educadores y pares. Estas percepciones externas, una vez interiorizadas por repetición, pueden llegar a costarnos caro a nivel espiritual.

Esta dimensión se asocia con el espíritu dentro de la Cábala, representado por el elemento Aire. Somos entidades espirituales en una visita temporal a la Tierra, habitando cuerpos físicos por un lapso limitado. Nuestro espíritu, parte de una Unidad mayor, nutre nuestra alma, que reside en los dominios del agua y del espíritu, y puede ser directamente alimentada por lo Divino si se lo permitimos.

La complejidad de esta relación radica en su existencia a tres niveles: la imagen que tenemos de nosotros mismos (yo-ego), nuestra esencia auténtica (yo verdadero), y lo que tenemos el potencial de ser (yo superior). La mayoría de las personas transcurre su vida identificándose con el yo-ego, moldeado por las interacciones sociales.

La Tercera Relación: Con Los Demás

Tras alcanzar la armonía en nuestras relaciones con lo Divino y con nosotros mismos, el camino hacia sanar nuestras conexiones con los demás se allana significativamente. Comenzamos a reconocer que no existe el "otro"; más bien, lo que hay es una extensión de la Divinidad en nosotros. Sin esta comprensión fundamental, nuestras interacciones en este ámbito, simbolizado por el

Agua en la Cábala y representando el mundo de la psique, tienden a ser tumultuosas en lugar de serenas.

La dinámica de relacionarnos con los demás es compleja, abarcando aspectos tanto personales como impersonales, y está influenciada tanto por nuestra seguridad interna como por nuestras percepciones externas. Si nos sentimos seguros en nuestra identidad y en nuestra conexión con la fuente divina, naturalmente buscamos la armonía con los demás, viéndolos como iguales y hermanos. En contraste, la falta de esta seguridad puede llevarnos a actitudes destructivas hacia los demás para satisfacer nuestras necesidades egoístas o a rechazar y despreciar las opiniones ajenas cuando estas amenazan nuestra percepción del mundo.

Nos inclinamos a alinearnos con aquellos que reflejan nuestras propias creencias sobre nosotros mismos y sobre el universo, lo que puede proporcionarnos una sensación de conexión y seguridad. Sin embargo, este proceso de proyección también nos predispone a atraer a personas que confirmen nuestras creencias, lo que a menudo resulta en una sensación de desconexión. El ego, integrando las dimensiones inferiores de nuestro ser, privilegia la certeza y la seguridad sobre la felicidad.

La reflexión personal sobre patrones repetitivos en relaciones pasadas ilustra cómo podemos recrear inconscientemente la misma dinámica de relación una y otra vez, basada en modelos aprendidos en la infancia. Este ciclo, caracterizado por la atracción, la negación de incompatibilidades, el compromiso seguido de la supresión de la propia identidad y finalmente el rechazo, se perpetúa hasta que un cambio profundo en nuestras creencias internas permite romperlo.

El testimonio de una transformación en estas creencias internas se manifiesta en una relación matrimonial estable y feliz, marcada por el deseo compartido de una unión duradera. Este cambio señala no solo una evolución personal sino también la capacidad de crear relaciones más sanas y equitativas con los demás, reflejando un profundo entendimiento de la interconexión y el respeto mutuo.

La Cuarta Relación: Con La Tierra

La interacción con nuestro planeta oscila entre lo personal y lo impersonal, siendo fundamental para nuestra supervivencia. En el pasado, nuestra existencia estaba íntimamente vinculada con la Tierra y los ciclos naturales, conscientes de la fragilidad y el valor de la vida física antes de los avances modernos que han mitigado los riesgos cotidianos para nuestra salud.

Hoy día, aunque algunos mantienen una profunda conexión con el medio ambiente, preocupados por el cambio climático y la contaminación, estas preocupaciones pueden tensar nuestras relaciones sociales, llevándonos a culpar o avergonzar a quienes percibimos como dañinos para el planeta.

La colaboración es esencial para la conservación ambiental, pero la pasión por proteger nuestro entorno a veces se ve obstaculizada por emociones negativas hacia aquellos indiferentes a la causa, lo que puede ser tan perjudicial como la propia contaminación. La armonía grupal requiere de paz interna, ya que los problemas externos reflejan conflictos internos.

El diagnóstico personal de cáncer sirve como un claro recordatorio de que, aunque factores externos como los pesticidas pueden influir en nuestra salud, las causas profundas de nuestras afliccciones a menudo yacen en desequilibrios internos. Esta revelación subraya la importancia de sanar nuestras relaciones con lo Divino, con nosotros mismos y con los demás, reconociendo que los venenos externos resuenan con toxinas internas previas.

Este proceso de introspección y sanación es esencial no solo para nuestro bienestar individual sino también para la recuperación global del planeta. Un cambio positivo, incluso pequeño, tiene el potencial de generar un impacto significativo, demostrando que el esfuerzo conjunto de una minoría consciente puede catalizar un cambio mayor.

La desconexión de la Tierra conduce a un consumo irresponsable, guiado por la creencia errónea en la abundancia infinita o la indiferencia hacia las generaciones futuras. Sin embargo, la Cábala enseña que el cambio positivo requiere solo de un pequeño porcentaje de la humanidad para influir en el curso colectivo, una meta que es completamente alcanzable.

En un escenario de supervivencia extrema, es probable que muchos actúen movidos por la necesidad inmediata, sin considerar las consecuencias. Este reconocimiento subraya la urgencia de cultivar ahora una relación más consciente y respetuosa con nuestro entorno, para evitar llegar a un punto de crisis irreversible.

Dinero

El proceso de sanación puede iniciarse a través de cualquiera de las cuatro relaciones fundamentales, y su impacto se propagará a los otros niveles. No obstante, el dinero emerge como un elemento transversal que influye en todas nuestras interacciones, ejerciendo un efecto significativo en cada aspecto de nuestras vidas. En la actualidad, la supervivencia se traduce mayoritariamente en términos monetarios, y es innegable que la economía determina en gran medida la relación de la humanidad con el planeta y nuestras acciones tanto conscientes como inconscientes hacia él.

Las percepciones sobre el dinero revelan profundamente cómo interactuamos con lo Divino, con nosotros mismos, con los demás y con la Tierra:

- En la relación con lo Divino, el dinero se asocia a poder o control.

- En la relación con uno mismo, se vincula con el propio valor.

- En la relación con los demás, el dinero se relaciona con la equidad.

- En la relación con la Tierra, se asocia a la supervivencia.

Nuestras decisiones sobre cómo empleamos nuestra energía vital durante nuestro limitado tiempo en la Tierra reflejan nuestras prioridades y propósitos. Es difícil encontrar a alguien que no intercambie parte de su esencia vital por dinero o que no considere la seguridad económica como un sinónimo de éxito. En estos tiempos, el dinero ha llegado a ser idolatrado y a la vez vilipendiado, convirtiéndose en un dios moderno.

El dinero, como creación humana que simboliza el flujo de la abundancia, ve sus vínculos con la prosperidad y con la Tierra afectados negativamente por el desdén hacia él. Si la idea de conectar el dinero con estas cuatro esferas de la vida resulta desagradable, esto solo resalta cuán profundo es el rechazo hacia el dinero y todo lo que simboliza en el inconsciente colectivo, subrayando la importancia de sanar nuestra relación con él.

Es crucial recordar que menos del 2% del dinero existe en forma de efectivo o moneda física; la gran mayoría reside en el mundo de Yesirah, el plano de las emociones y la imaginación, lo que significa que nuestras actitudes y sentimientos hacia el dinero lo afectan profundamente. Adoptar una postura neutral hacia el dinero es esencial para la prosperidad. La creencia de que no deseamos dinero para nosotros puede ser contraproducente; ser prósperos nos habilita para enriquecer a otros.

Las Cuatro Relaciones Y La Salud

La interconexión entre las cuatro relaciones fundamentales es tan profunda que el estado de bienestar o desequilibrio en una repercute inevitablemente en las otras. Esta red interrelacionada implica que nuestras percepciones sobre nosotros mismos, nuestro entorno, y nuestras finanzas están entrelazadas, afectando directamente nuestra salud global. La salud óptima se logra a través de un equilibrio armonioso entre estos cuatro aspectos de nuestra vida.

La idolatría en cualquiera de estas áreas conduce a desequilibrios significativos:

- La devoción a una deidad específica puede generar desprecio y conflictos hacia quienes no comparten la misma creencia.

- El autoensalzamiento demanda reconocimiento externo, evidenciando una búsqueda de validación.

- La idolatría hacia los demás se manifiesta en el sacrificio personal por su aceptación.

- La obsesión por lo material incita a la explotación del medio ambiente en pro de la acumulación de bienes.

La leyenda del árbol del conocimiento del bien y del mal nos enseña sobre la trampa del ego y el juicio:

La leyenda del árbol del conocimiento del bien y del mal se sitúa en el corazón del Jardín del Edén, según narran las escrituras judeocristianas. Este árbol, junto al árbol de la vida, era especial dentro del jardín que Dios había creado para Adán y Eva, los primeros seres humanos. Dios les había permitido comer de cualquier árbol del jardín, excepto del árbol del conocimiento del bien y del mal, advirtiéndoles que el día que comieran de él, ciertamente morirían.

Sin embargo, la serpiente, el más astuto de todos los animales del jardín, sedujo a Eva para que comiera del fruto prohibido. Ella vio que el árbol era bueno para comer, agradable a los ojos, y deseable para alcanzar la sabiduría, por lo que tomó de su fruto y comió; y dio también a Adán, quien estaba con ella, y él comió. Este acto de desobediencia a la orden divina es lo que se ha interpretado tradicionalmente como el pecado original, marcando el inicio de la mortalidad y el sufrimiento humano.

Tras comer del fruto, sus ojos se abrieron y se dieron cuenta de su desnudez, cubriéndose con hojas de higuera. Dios, al darse cuenta de lo sucedido, los expulsó del Jardín del Edén para evitar que comieran del árbol de la vida y vivieran eternamente en pecado. Este acto no solo representó la pérdida de la inocencia y la armonía primigenias, sino también la adquisición del conocimiento moral, la capacidad de discernir entre el bien y el mal, y el inicio de la experiencia humana en un mundo donde la vida y la muerte, la bondad y la maldad, coexisten.

La leyenda subraya una profunda enseñanza moral sobre las consecuencias de nuestras elecciones y la importancia de la obediencia y la humildad. Esta narrativa no se centra en el concepto de pecado original, sino en la constante vigilancia de nuestras opiniones egoístas. Juzgar desde nuestra perspectiva eleva nuestras creencias por encima de las de otros, invitando al conflicto y obstruyendo cualquier posibilidad de reconciliación o relación saludable.

El resentimiento, el odio, o el desprecio hacia lo Divino, hacia nosotros mismos, hacia los demás, o hacia el aspecto físico del mundo —incluido el dinero—, nos separa de la unidad con todo lo existente y, por ende, de la fuerza vital esencial.

Es crucial emprender el camino hacia la sanación, entendiendo que la sanación personal es sinónimo de la sanación global. La Cábala ofrece herramientas y perspectivas para facilitar este proceso, promoviendo una comprensión más profunda de cómo podemos restablecer el equilibrio y la armonía en nuestras vidas y, por extensión, en el mundo que nos rodea.

Capítulo II - Los Patrones Del Universo

Iniciemos nuestra exploración no desde la narrativa bíblica, sino desde una perspectiva práctica y realista, analizando cómo y por qué hemos llegado a nuestras creencias actuales.

En las eras tempranas de la humanidad, las tardes carecían de distracciones como libros, televisión o Internet. La única iluminación provenía del fuego, acompañada por la presencia de otros y el vasto cielo nocturno. En climas templados, predominaba la lluvia, mientras que en zonas desérticas, la sed era una constante aún más desafiante.

Las conversaciones giraban en torno a temas cotidianos y de supervivencia, tales como la búsqueda de alimentos, la reparación de utensilios, la recolección de agua, o las interacciones familiares. Sin embargo, estos temas perdían interés rápidamente dado que todos los presentes compartían similares rutinas diarias. A excepción de encuentros esporádicos con la vida salvaje, que podían convertirse en temas de conversación por semanas, la mayoría de las noches se pasaban observando las estrellas o las llamas, compartiendo observaciones y creando historias.

A lo largo del tiempo, estas narrativas evolucionaron en patrones basados en nuestras observaciones cotidianas, desde el movimiento de las estrellas hasta los cambios estacionales y el comportamiento de las nubes que predecían lluvia. Notamos patrones trípticos en la naturaleza, como los tres colores primarios, y cuádruples, como los cuatro elementos esenciales: fuego, aire, agua y tierra. También reconocimos la importancia de los números, como el diez para contar con dedos de manos y pies, y el siete, visible en fenómenos naturales y culturales.

Estos conocimientos se transmitieron de generación en generación, enriqueciendo la comprensión colectiva de nuestro entorno y de nosotros mismos, incluyendo la diversidad en temperamentos y habilidades entre las personas. Aquellos especialmente interesados en estos patrones, y con el tiempo para reflexionar sobre ellos, comenzaron a notar cómo los cuerpos celestes influían en el comportamiento humano y en los eventos naturales.

Se concebía que ancestros fallecidos, y en ciertos casos individuos con habilidades especiales como chamanes o sacerdotes, podían interactuar con estos patrones. Estos mediadores espirituales eran vistos como puentes entre lo humano y lo divino, capaces de influir en el mundo a través de rituales y oraciones.

Con el tiempo, la interpretación de estos patrones y la comunicación con lo divino se formalizó, dando lugar a sistemas de creencias estructurados. Aquí nace la conceptualización de leyes espirituales y prácticas religiosas, marcando el inicio de un camino hacia la comprensión y manipulación de los patrones universales en busca de guía y ayuda espiritual.

El Gran Patrón Único

Podría parecer que a partir de ese momento todo fue en declive, pero no necesariamente tiene que ser así. A lo largo de las generaciones, siempre ha habido quienes se han mantenido fieles al patrón original, entendiendo que se trataba de un proceso creativo consciente que recreaba el Universo de manera continua, momento a momento. Toda su realidad era una unidad en relación consigo misma, donde esa interrelación era la esencia misma de la creación, que no debía ser contenida, manipulada o plenamente entendida. Simplemente existe.

Los hebreos son el primer pueblo del que se tiene registro que fundamentó toda una religión en el concepto del Gran Patrón Único, en lugar de en sus distintas manifestaciones. A pesar de ello, incluso sus textos revelan diversos aspectos de la Unidad (Las Sefirot del Árbol de la Vida). El Testamento hebreo utiliza más de una docena de nombres o combinaciones de nombres para referirse a Dios, destacando tres raíces principales: Eheyeh Asher Eheyeh, Elohim y Yahvé, de los cuales derivan todos los demás.

Curiosamente, la Biblia encierra la verdad del Gran Patrón, aunque no de manera explícita. Esto se debe a que, al momento de redactarse sus textos, nunca se concibió que fueran interpretados de manera literal durante milenios. Fueron diseñados como indicadores de los patrones que deberíamos tejer en un presente siempre en evolución.

En el Libro del Éxodo, Moisés lideró la construcción del Tabernáculo, una estructura que representa los fundamentos del Gran Patrón, mostrando de manera simple y coherente cómo funciona la vida. Probablemente, la intención era que los chamanes o sacerdotes pudieran asimilar generaciones de conocimiento de manera acelerada, sin tener que comenzar desde cero. Así, cada generación partiría de un conocimiento base común, sobre el cual podrían construirse nuevas interpretaciones, reconociendo las diferencias superficiales pero también la igualdad fundamental entre todos. Sin embargo, este conocimiento quedó petrificado, y la mayoría, incluidos los sacerdotes, perdieron la capacidad de interpretar sus significados profundos.

La Menorah, un candelabro de siete brazos, es otra representación directa del andamiaje del universo, mostrando las fórmulas matemáticas que subyacen a los patrones de creación.

En su diseño se incluye la plantilla del Árbol de la Vida y la Escalera de Jacob, abarcando cuatro niveles correspondientes a los elementos básicos de fuego, aire, agua y tierra, junto a un quinto elemento místico de conciencia. Contiene diez aspectos que reflejan los dedos de las manos y pies, y que se corresponden con los Diez Mandamientos, otro elemento clave en nuestra comprensión de lo divino que a menudo genera conflictos.

El Libro del Éxodo relata que los mandamientos fueron entregados a Moisés en tres ocasiones en el Monte Sinaí. Aunque comúnmente se cree que fueron dos veces, el texto aclara que fueron tres. La primera entrega fue verbal, la segunda, según los místicos, en zafiro, y solo la tercera en piedra. La tradición cabalística sugiere que la primera versión era oral, ofreciendo consejos para integrar nuestras vidas de manera armoniosa dentro de la ley del Karma, mientras que la segunda ofrecía una confirmación más tangible de la primera, añadiendo estructura a esta tradición. No es coincidencia que "zafiro" y "sefira" compartan raíces letras en hebreo.

Moisés destruyó los mandamientos de zafiro al ver que los israelitas habían creado un ídolo durante su ausencia. Así, para cuando se entregó el tercer conjunto de leyes, ya estaban inscritas en piedra, como mandatos a seguir dado que la humanidad había demostrado no estar preparada para seguir consejos ni realizar el trabajo necesario para tejer conscientemente sus vidas.

En resumen:

- Si mantenemos un contacto directo con lo Divino, recibiremos consejo y sabiduría de manera continua, adaptada a nuestras circunstancias.

- Si tenemos dificultades para entender o confiar en esta comunicación, se nos ofrecerán pautas para vivir dentro de una estructura transparente y actualizable.

- Si ignoramos estos consejos, por nuestra propia seguridad, se nos impondrán leyes a seguir.

Desde este último conjunto de mandamientos se desprendió la base de la religión organizada tal como la conocemos hoy, donde las leyes se valoran, en muchas ocasiones, por encima del impulso original de amor. Afortunadamente, las enseñanzas originales, repletas de misticismo y amor, permanecen integradas en los textos, disponibles para aquellos que sepan cómo y dónde buscarlas. La sabiduría transmitida oralmente siempre ha estado velada; se requiere un deseo genuino y una búsqueda diligente para acceder a ella. El ego humano prefiere recibirlo todo sin esfuerzo, pero aquello que se obtiene fácilmente suele ser desvalorizado o mal utilizado.

La Cábala fusiona los dos primeros conjuntos de mandamientos en su estructura, los cuales exploraremos en detalle en capítulos posteriores.

La Cábala no constituye una religión en sí misma, pero es crucial reconocer su profunda conexión con el judaísmo. Su denominación deriva de las letras hebreas QBL, por lo que técnicamente debería llamarse Cábala, aunque la forma con "K" ("Kabbalah") es la más extendida en el siglo XXI. Los judíos frecuentemente consideran que la Cábala es una parte inherente del judaísmo, y ciertamente debemos una inmensa gratitud a la nación judía por su desarrollo y preservación en su forma pura. No obstante, al igual que ocurre con el cristianismo y el núcleo de todas las grandes tradiciones religiosas, propone un conjunto de principios universales, no atados a ninguna fe particular. Tanto el Árbol de la Vida como la Escalera de Jacob ofrecen esquemas para la vida cotidiana. Esta tradición es accesible para todos; su efectividad es indiscutible. Lo único que se requiere es utilizar estos esquemas como un telar. Resulta mucho más sencillo venerar el telar que tejer sobre él, y es aquí donde muchas religiones encuentran su punto de quiebre.

El Marco Subyacente

Exploraremos la mejor forma de describir este marco estructural. En el siglo XIII, la Menorah se reinterpretó en dos esquemas innovadores por los seguidores de un místico conocido como Isaac el Ciego, en Gerona, España. Su nombre era rabino Yitzhak Saggi Nehor (c. 1160-1235), apodado en arameo "Saggi Nehor", que se traduce como "de gran luz", refiriéndose a su aguda percepción, a pesar de ser conocido como Isaac el Ciego. Este apodo parece ser una ironía aramea, ante la cual cabría sonreír cortésmente antes de continuar.

Se entiende que la corriente cabalística de Rabí Itzjak surgió como contraposición al racionalismo de la escuela de Maimónides (1135-1204) en Córdoba. Maimónides, un destacado erudito y pedagogo, integró la tradición judía con el aristotelismo, una perspectiva altamente intelectual y algo androcéntrica. Por otro lado, Isaac el Ciego y sus seguidores se inclinaron más hacia las ideas de Platón y el neoplatonismo, incorporando el misticismo en esta fusión.

Para clarificar, este análisis se basa en el Árbol de la Vida y la Escalera de Jacob, pertenecientes a la Tradición Toledana en la que se formó la narrativa, originada en el siglo XVI con el rabino Moisés Cordovero.

No se postula que esta tradición sea superior a otras; por lo tanto, si se tiene un entendimiento cabalístico desde otra perspectiva, se invita a reinterpretar a voluntad. Sin embargo, se sostiene la preferencia por esta tradición por una razón fundamental: reconoce la perfección del Universo.

En el Génesis, se narra cómo Elohim, al crear el Universo, lo consideró "muy bueno", lo cual en hebreo podría interpretarse como "extremadamente excelente". No obstante, otras interpretaciones cabalísticas sugieren que en la creación hubo fallos.

Por ejemplo, la Cábala Luriana, que lleva el nombre de Isaac Luria, un influyente rabino del siglo XVI y discípulo de Moisés Cordovero, parte de una premisa distinta. En tiempos de Luria, tras las adversidades enfrentadas por la comunidad judía, como la Inquisición Española, se cuestionaba el porqué de las desgracias en personas justas. Luria propuso que durante la creación del Universo, ocurrió un error divino: Las Sefirot o recipientes que contenían la esencia de la creación se fracturaron, originando fragmentos que se transformaron en entidades malignas, más tarde asociadas con los demonios cristianos.

Algunos cabalistas lurianos podrían argumentar que este evento también formaba parte del diseño divino, aunque esta interpretación puede ser difícil de comprender. Independientemente del sistema elegido, la enseñanza subyacente es que el equilibrio entre dar y recibir es esencial para la sanación del mundo. Esta perspectiva resalta la importancia de equilibrar la generosidad con la capacidad de aceptar, para mantener la salud del sistema completo.

Por tanto, se dará prioridad a la interpretación basada en las enseñanzas de Moisés Cordovero, ya que se alinea más estrechamente con los textos bíblicos originales. En un mundo donde la espiritualidad moderna a menudo omite la "Cuestión de Dios", se buscará restaurar este vínculo a través de interpretaciones cabalísticas de las escrituras bíblicas, considerando esta aproximación como la más coherente.

La tradición de Cordovero también es la que más se asemeja a la práctica durante La Convivencia, término español que evoca la "unión de almas" en la España de los moriscos entre los siglos XI y XII, antes de la cristianización de la Península Ibérica por parte de Fernando e Isabel y la posterior introducción de la Inquisición. Durante esta época, los árabes toleraban diversas creencias religiosas, aunque imponían tributos sobre ellas. En lugares como Toledo y Córdoba, así como en toda España y el sur de Francia, místicos de las tres religiones abrahámicas se congregaban para estudiar y practicar juntos, incluyendo las meditaciones Merkabah, entendidas como ascensos espirituales hacia la divinidad, descritos en textos sagrados como el Éxodo, Ezequiel, y la Transfiguración de Jesús en los Evangelios. Para los místicos, incluso el Libro del Apocalipsis representa un viaje Merkabah interior.

Lo que se identifica hoy como la Cábala de la Tradición Toledana, y que un colega cabalista denominó en una ocasión como "el encuentro de los descendientes de Abraham", se presenta como un punto de encuentro inclusivo para los herederos de Abraham de todos los géneros.

Esta corriente fue revitalizada desde los años setenta por Z'ev ben Shimon Halevi, quien lideró un grupo esotérico en Londres, Inglaterra, promoviendo una versión moderna y accesible de estas enseñanzas por todo el mundo. Halevi enfrentó críticas por abrir la enseñanza a personas no judías y por reintroducir la Escalera de Jacob en el discurso cabalístico, un elemento considerado perdido tras la época de Luria y redescubierto en los setenta, coincidiendo con un renovado interés en conceptos como el Karma o la Ley de la Atracción.

Capítulo III – El Árbol De La Vida

El Árbol de la Vida es una representación de cómo la luz de la creación se distribuye a través del universo. Inicia en Kéter, que significa "Corona" en hebreo, y se desplaza hacia Jojmá, representando la "Sabiduría" o "Revelación", para después avanzar hacia Biná, el "Entendimiento", descendiendo a través de un patrón de zigzag.

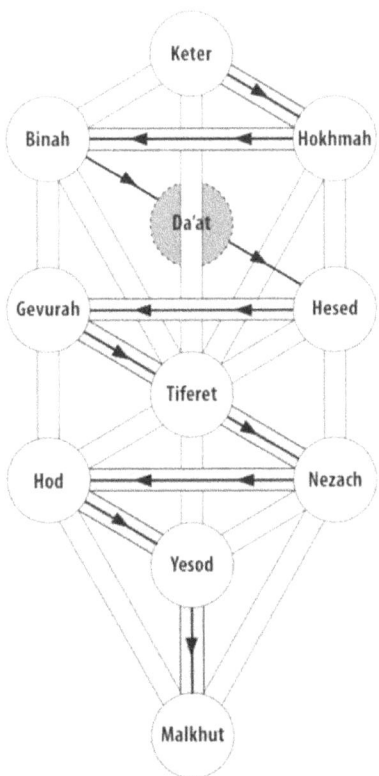

Este zigzag ilustra la dualidad de nuestra existencia: el aspecto de Jojmá y el lado derecho del Árbol simbolizan la fluidez, la acción, el dinamismo, la generosidad, la actividad y el entusiasmo; por su parte, Biná y el lado izquierdo del Árbol representan la limitación, los límites, la resistencia, el discernimiento, la reflexión y la receptividad. Se requieren ambos aspectos para lograr el equilibrio y retornar a la unidad. Al igual que una tetera hirviendo necesita ser apagada o retirada del fuego para evitar que se seque y explote.

El lado izquierdo, asociado con la restricción, se vincula con el "no", lo femenino y la oscuridad, mientras que el lado derecho se relaciona con el "sí", lo masculino y la luz.

Frecuentemente, se levantan voces de protesta ante esta dualidad enseñada, pero es importante entender que se refiere a lo femenino y masculino en términos de energías, no de géneros ni de identidades sexuales. Todos poseemos una combinación de estas energías, y ser identificado como hombre o mujer solo indica nuestras características físicas predominantes, algo que se está reevaluando en el contexto de la conciencia transgénero actual. El Árbol de la Vida trasciende las críticas; si has cuidado de un hijo o incluso de una mascota, reconocerás la importancia del equilibrio entre el "no" y el "sí". Sin el "no", las consecuencias de acciones sin restricciones podrían ser fatales desde una edad temprana. Aunque el "no" pueda parecer menos agradable que el "sí", es un error común en la cultura moderna pensar que la vida debe ser constantemente divertida. La verdadera alegría reside en el equilibrio, incluso en los momentos más oscuros.

La necesidad de fuerza y límites en el lado izquierdo evita que el lado derecho se disperse caóticamente, y la ausencia de dinamismo y entusiasmo en el lado derecho llevaría al estancamiento del izquierdo. Su relación mutua es crucial porque el equilibrio es la clave, y este es el propósito de la columna central del Árbol.

Además, cada sefirot encarna un balance de energías masculinas y femeninas. La luz creadora, al emanar de Kéter, debe ser acogida por Jojmá antes de poder ser transmitida a Biná, que a su vez la recibe y la distribuye. Este intercambio continuo de dar y recibir constituye el patrón fundamental de la vida.

El equilibrio se conserva en la columna central de nuestra conciencia, donde metafóricamente "mantenemos todo junto" y encontramos la inspiración para "recuperar el sentido". Recobrar el sentido implica ser conscientes de lo que realmente sucede, atendiendo a los mensajes del mente, espíritu y cuerpo. En la actualidad, tendemos a estar menos atentos a las señales sutiles, tanto internas como externas. La columna central, desde Tiféret hacia arriba, capta la inspiración, mientras que desde Tiféret hacia abajo sintoniza con el instinto o la intuición, ambas formas de conciencia esenciales para una vida plena y saludable.

Cada una de las diez sefirot simboliza un atributo y representa un nivel de comprensión, desde nuestro vínculo con lo Divino hasta nuestra realidad física, pasando por nuestro ego, pensamientos, acciones, esencia, discernimiento, bondad, conocimiento (o su ausencia), comprensión y sabiduría. Todos estos elementos, trabajando en conjunto, mantienen el equilibrio.

Cuando este equilibrio se pierde de manera significativa, emerge la enfermedad.

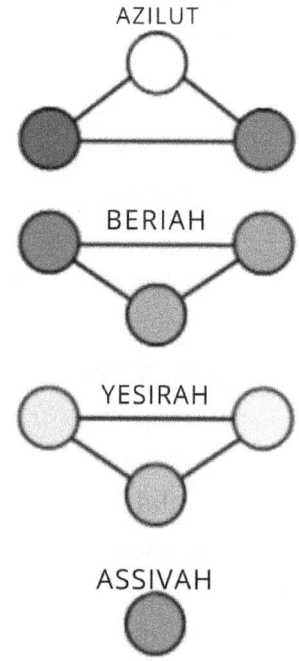

La Escalera de Jacob consiste en cuatro Árboles de la Vida interconectados, cada uno con las mismas diez sefirot y una undécima que actúa como un portal entre mundos, el punto central de su relación.

Para el ser humano, los cuatro mundos simbolizan cuatro tipos de relaciones fundamentales:

Azilut (Divinidad): Representa la concepción de todos los aspectos de la creación y es la fuente de toda existencia, simbolizando nuestra conexión con lo Divino.

Beriah (Espíritu): Inicia el verdadero proceso de creación, estableciendo la estructura única de cada descendiente de lo Divino, manifestada de manera distintiva en cada ser, ya sea humano, animal, vegetal o mineral. Esta unicidad refleja nuestra relación con nuestro propio ser.

Yesirah (Formación): Aquí se define y se detalla la estructura básica de la creación, determinando si será masculina, femenina, peluda, móvil, con cuatro patas, con dos patas, negra, verde, etc. Este mundo también configura la psique, definiendo si el ser vivirá solo o en comunidad, en tribus o estratos sociales, o en manadas, generando así la existencia de "otros" con quienes establecemos relaciones.

Assiyah (Manifestación física): Corresponde a la realidad tangible del ser en la Tierra, representando nuestra relación con el planeta y los medios de subsistencia.

La Escalera de Jacob ilustra cómo estas relaciones se entrelazan y fusionan entre sí, permitiendo que la curación o la enfermedad se propague de un nivel a otro, tanto ascendente como descendente.

La mención al "Árbol de la Vida" se refiere específicamente a Yesirah, el mundo que representa nuestras almas y psiques. Este mundo interactúa con los otros tres niveles, y es en esta dimensión donde podemos identificar el origen de cualquier enfermedad, ofreciéndonos pistas sobre cómo podemos eliminar el desequilibrio que llevó a su manifestación.

La narrativa cabalística de la creación explica cómo el Absoluto deseaba experimentar la realidad en su totalidad, no solo como un concepto abstracto, lo que incluye experimentar tanto lo que consideramos "bueno" como "malo". Para lograrlo, tuvo que replegarse y crear un espacio vacío, similar a un útero, donde pudiera insuflar la esencia de la creación. Este acto misterioso constituye la primera relación.

La Escalera de Jacob se originó de este acto divino, y el primer mundo, Azilut, es el molde Divino de una entidad conocida como Adam Kadmon, el prototipo de un ser humano ideal. Adamah, que en hebreo significa "tierra" o "sangre", y a menudo se traduce como "tierra roja", es un término no asociado a un género específico, aunque históricamente se ha interpretado en masculino. Las "moléculas" de Adam Kadmon son las esencias que se materializarán en la creación, incluidos los seres humanos individuales, a medida que descienden a través de los mundos inferiores para encarnar en la Tierra.

Según la Cábala, cada uno de nosotros deriva de un aspecto de Adam Kadmon y tiene un destino único por cumplir, a través de múltiples vidas, ya sea como soldado, filósofo, amante, maestro, entre otros. Las fuentes cabalísticas varían en su interpretación sobre si nuestras almas poseen un género específico, pero aquellos que sostienen que no, coinciden en que cada alma tiende a encarnar en un género u otro según su destino particular. En el contexto actual, donde se presta atención a la diversidad de género, es plausible que las almas que han encarnado predominantemente en un género comiencen ahora un proceso de cambio significativo.

Desde Azilut, el mundo del Ser Humano Divino, emerge Beriah, el Mundo Espiritual. Beriah es el ámbito de la creación y de las ideas, siendo Azilut la chispa inicial y Beriah el concepto. Estos dos mundos, al no tener forma, imagen, ni operar en el tiempo o espacio, son complejos de imaginar y describir. Se considera que todo evento pasado y futuro ya está inscrito en Azilut y en la cúspide de Beriah, conservando incluso la memoria de todo lo que ha desaparecido de nuestro planeta.

En Beriah, el aspecto derecho de la Escalera simboliza la creación pura, mientras que el izquierdo representa

la destrucción pura, siendo cada uno tan vital y peligroso como el otro si se emplea incorrectamente.

Conforme la luz desciende por la Escalera, adentrándose en el vacío y alejándose de su Fuente, su naturaleza se vuelve más densa. Azilut es asociado al Fuego, Beriah al Aire, y el tercer mundo, Yesirah, al Agua.

Yesirah es el reino donde el Tiempo comienza a fluir, donde las formas adquieren definición y se pueden establecer distinciones claras. La idea del ser humano se origina en Beriah, pero es en Yesirah donde se definen las diversas manifestaciones de la humanidad: hombre, mujer, negro, blanco, alto, bajo, robusto, delgado, etc.

Este mundo también alberga las imágenes mentales, las emociones y el alma humana. Tanto el paraíso como el infierno, entendidos como realidades psicológicas y no físicas, se encuentran en Yesirah. La Cábala enseña que podemos experimentar cualquiera de estos estados en nuestra esencia en cualquier momento, estando vivos o después de la muerte.

Finalmente, Assiyah, el Mundo de la Tierra, es donde nuestra existencia física se manifiesta para participar en el Gran Juego de la Vida. Aunque el mundo físico pueda parecer sólido y duradero, en realidad es el más vulnerable de los cuatro mundos. La existencia física es frágil; la vida puede terminarse por un simple accidente. No obstante, las enseñanzas espirituales de diversas tradiciones sostienen que solo nuestros cuerpos físicos mueren, mientras que nuestras almas perduran.

En la visión cabalística de la vida, los seres humanos son únicos en su acceso a los cuatro mundos de la Escalera de Jacob. Los arcángeles acceden solo a los dos mundos superiores, los ángeles a los intermedios, y los animales a los inferiores. Como seres creados a imagen de Dios, nuestro propósito es reflejar toda la creación de vuelta hacia la Fuente. Según la Cábala, todavía somos muy jóvenes en este proceso, pero estamos avanzando mejor de lo que algunos podrían temer.

La Cábala, un lenguaje complejo tanto para novatos como para expertos, ofrece cuatro puntos clave para una mejor comprensión y aplicación de sus enseñanzas:

1) Los acontecimientos en cualquiera de los cuatro mundos afectan a los demás; por lo tanto, curar un aspecto en un nivel puede influir positivamente en los otros. Un cambio de percepción puede modificar creencias arraigadas, alterar patrones emocionales y sanar el cuerpo. Incluso un accidente físico puede provocar cambios en los pensamientos, creencias y, finalmente, en el destino.

Asimismo, cada Sefirá del Árbol de la Vida está interconectada con al menos tres más, de modo que atender o descuidar un aspecto de la vida puede desencadenar un efecto dominó.

Todos venimos a la vida con un mapa o destino específico. Este destino, entrelazado con el desarrollo de nuestra alma, influye en el curso de todo, más allá de conceptos modernos como el éxito o la fama.

Las decisiones propias y ajenas pueden alterar este destino, ya sea por acciones imprudentes o hábiles. Puede ser difícil discernir si eventos como accidentes o enfermedades estaban predestinados o si resultaron de nuestras acciones. No obstante, es posible sanar los pensamientos y emociones relacionados, logrando así niveles significativos de curación. Aunque la sanación física es ideal, la sanación psicológica y espiritual siempre mejora la calidad de vida, incluso si el cuerpo no se recupera completamente.

Existen propósitos profundos en las condiciones de salud que van más allá de la comprensión ordinaria, como demuestran las vidas de figuras como Helen Keller y Stephen Hawking. Aunque puede ser un consuelo limitado frente al dolor físico o la desesperanza, a menudo la resistencia a aceptar nuestra realidad es lo que perpetúa el sufrimiento. La Cábala ofrece una vía hacia una aceptación interna profunda que tiene el poder de transformar en todos los niveles.

2) La noción de que vivimos más de una vida es un pilar en los sistemas cabalísticos, acompañada por la idea del karma, tanto en su versión positiva como negativa. Es común escuchar que "la vida no es justa", y ciertamente, desde la perspectiva de una sola existencia, esto puede ser verdad.

El Dr. Daniel J. Benor, fundador de The Doctor-Healer Network, categoriza el karma negativo en cuatro niveles:

- Lápiz sobre papel: un error leve que puede corregirse con una simple disculpa.

- Bolígrafo sobre papel: un error más serio que, aunque se pueda enmendar, probablemente deje una marca duradera.

- Cincel en piedra: faltas graves que podrían necesitar de una o más vidas para su resolución.

- Sangre en la piedra: maldad profunda que podría requerir el esfuerzo de varias generaciones para su sanación.

El karma tiende a repetirse en familias y naciones, emergiendo de patrones reiterativos. Algo similar a lo que nos sucede cuando renunciamos a ejercer nuestro libre albedrío. Este último, sin embargo, demanda una conciencia plena, algo que a menudo evitamos por comodidad en la repetición y el ego.

Todos generamos karma, debido a nuestras imperfecciones. Propongo la idea de que podemos decidir, en cada vida, cuánto karma, tanto bueno como malo, queremos enfrentar, ¡y no solo el negativo! La noción del buen karma frecuentemente se olvida, y podría asemejarse al manejo de una deuda de tarjeta de crédito: podemos liquidarla gradualmente o de un solo golpe. Optar por esta última estrategia denota un alma valiente, digna de admiración y respeto.

Es posible transformar significativamente el karma negativo en una sola vida, alterando patrones de conducta y realizando actos positivos.

3) Independientemente del tipo de problema que enfrentemos -sea físico, psicológico, financiero o emocional- la solución radica en abordar su causa raíz. Aunque pueda existir un origen primario evidente, como una condición genética, un trauma emocional, una infección o un periodo de adversidad, la problemática es siempre multifacética, incluyendo múltiples causas secundarias relacionadas con las cuatro esferas de relaciones. El proceso de sanación es un camino uniforme, independientemente del problema en cuestión. Se trata de un viaje introspectivo hacia el interior de nuestra alma y más allá, una

peregrinación personal que requiere tiempo y esfuerzo, pero cuyos frutos son inmensamente gratificantes.

4) La gracia existe por sí misma. Independiente del karma, la ley de atracción, nuestras percepciones sobre la divinidad o cualquier mérito, anhelo o deseo, la Gracia es una manifestación del amor divino absoluto.

Sin embargo, la Gracia desafía nuestras convicciones habituales, pues es más benevolente que la justicia misma. Para nuestra mentalidad humana, algo que supera a la justicia en bondad parece radicalmente injusto, ya que estamos condicionados a resistirnos a la Gracia.

La Gracia no se puede ganar, anticipar o comprender totalmente, pero podemos optar por aceptarla o rechazarla. De la Gracia provienen los milagros, que son, sin duda, posibles. Si este libro logra enseñar la habilidad de aceptar la Gracia, habrá cumplido con su propósito ampliamente.

Capítulo IV - Ascenso Y Descenso Por El Árbol

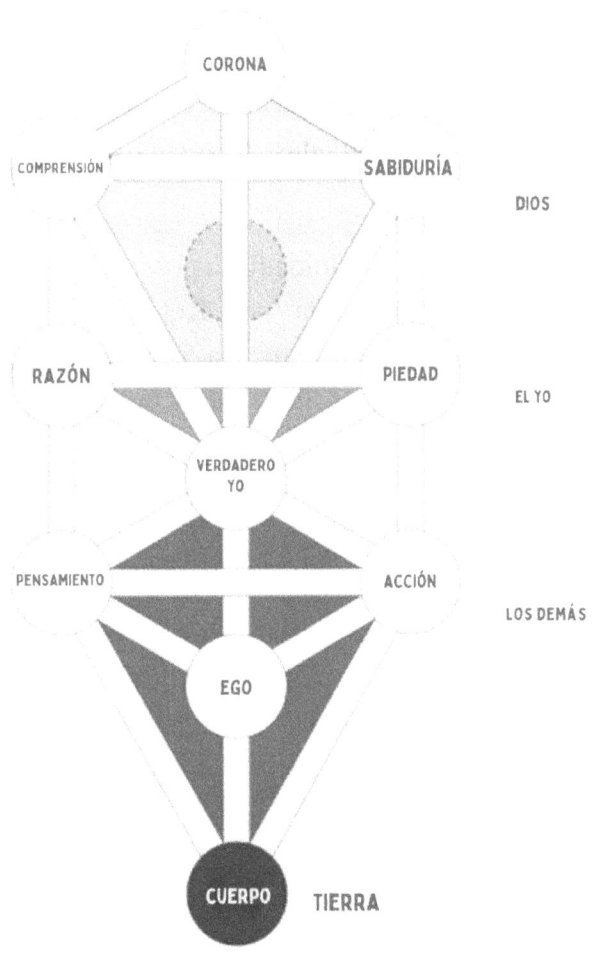

Ascender Por El Árbol

La manera más sencilla de explicar el funcionamiento del Árbol de la Vida es mediante su ascenso. No obstante, este ascenso presenta sus propios desafíos.

En el contexto de la sanación, optamos por el Árbol en vez de la Escalera de Jacob. Este enfoque nos permite introducir nuestro primer concepto sobre las cuatro relaciones, observadas a través de las cuatro sefirot centrales.

Trinidad/Divinidad: La porción superior del Árbol, la "cometa", compuesta por Kéter (la corona), Biná (el entendimiento) y Jojmá (la inspiración y sabiduría), se conecta con Tiféret (la verdad y belleza).

El Ser: Geburá se asocia con el discernimiento, la fuerza y la disciplina; Jesed, con la bondad amorosa; y Tiféret, con la verdad y la belleza.

Los Demás: La "cometa" inferior del Árbol incluye a Tiféret (verdad y belleza), Netsaj (acción, pasión), Hod (pensamiento, juego) y Yesod (fundamento o ego).

La Tierra: Representada por Mailjut, el reino.

Esta es la manera en que vive la mayoría de las personas, reflejada en el Árbol (y todos seguimos este patrón universal de una forma u otra, conscientemente o no). Es una visión simplificada, dado que somos seres complejos y llenos de matices.

Mailjut. Experimentamos la realidad física de una situación.

Yesod. Formamos una opinión sobre el significado de esa situación para nosotros y nuestra seguridad, basándonos en nuestros hábitos, educación y creencias. Nuestra reacción será influenciada por lo que hemos aprendido de fuentes externas y si consideramos la situación como una amenaza o un beneficio.

Hod. Procuramos más información sobre la situación o comenzamos a discutirla con otras personas, compartiendo experiencias similares y buscando datos que respalden nuestras creencias actuales. En este nivel, la información contradictoria suele ser ignorada, ya que nos resulta incómoda y la consideramos improbablemente verdadera.

Netsaj. Tomamos acciones basadas en nuestras creencias y pensamientos, retroalimentando a Yesod sobre lo que ha sido efectivo o no.

Tiféret. Consolidamos nuestra opinión sobre la situación como "nuestra verdad". Al hacerlo, nos cerramos a cualquier conocimiento superior que podría hacernos reconsiderar o ver alternativas.

Geburá. Nos autoevaluamos, así como a los demás y a diferentes situaciones, basándonos en nuestra verdad inquebrantable. Esto nos lleva a ver a los demás como correctos y, por ende, buenos, o incorrectos y, por tanto, malos. O, en el caso contrario, a considerarnos errados y malos, sumiéndonos en culpa, miedo y depresión.

Jesed. Ofrecemos nuestro tiempo, bondad y atención basándonos únicamente en nuestros juicios, a las personas/situaciones que consideramos adecuadas. Aunque creemos que nuestra generosidad se debe a nuestra bondad, muchas veces esperamos apreciación, amor o reconocimiento a cambio.

Biná. Asumimos que la vida de todos se rige por las suposiciones que hemos hecho, y nuestro cerebro se limita a recibir y transmitir el mismo mensaje repetitivo, asegurándose de que continuemos experimentándolo en la realidad.

Jojmá. Estamos abiertos solo a revelaciones que se alineen con estas creencias. Cómo cuando se verifica algo que creías y te dices a ti mismo: "¡Lo sabía!"

Kéter. Concebimos a Dios bajo el prisma de un legislador religioso o lo consideramos inexistente. Dios es imaginado completamente a nuestra imagen, negándonos la oportunidad de abrir nuestros corazones y mentes a lo nuevo.

Descenso por el Árbol

Kéter. Nos abrimos a la vasta unidad de armonía, amor y perfección. Aunque somos capaces de percibir una situación física, comprendemos que es simplemente la manifestación temporal y espacial de una energía pasada que tiene el potencial de ser corregida en cualquier momento.

Jojmá. Recibimos inspiración que nos abre el corazón y la mente a nuevas perspectivas que elevan nuestro espíritu y nos orientan hacia un camino más luminoso.

Biná. Establecemos y mantenemos límites claros para proteger nuestra sabiduría de aquellos que podrían subestimarla o dañarla, y reconocemos que podemos albergar creencias adquiridas que contradicen nuestra verdadera orientación interior. Reflexionamos profundamente sobre aquello que pudo haber obstaculizado nuestro progreso en el pasado y nos comprometemos a superarlo.

Jesed. Amamos a todos incondicionalmente, incluyéndonos a nosotros mismos. Nos brindamos tiempo y energía para poder iluminar el camino de los demás. Nos esforzamos por sanar lo que está a nuestro alcance, sin importar si estamos de acuerdo, creemos o simpatizamos con la otra persona.

Geburá. Ejercemos discernimiento sobre lo que nos beneficia y lo que no, identificando dónde podemos ser de ayuda y dónde no. Cuando no podemos contribuir, nos apartamos para dejar espacio a aquellos que sí pueden. Distinguimos entre poder y control, actuando con suavidad pero con determinación para asegurar que estamos donde debemos estar y eliminando de nuestra vida aquello que nos impide avanzar, a nosotros y a los demás.

Tiféret. Nos aferramos a nuestra verdad, una verdad que es flexible y amorosa. Ejercemos nuestro poder con humildad, actuando y respondiendo sin la necesidad de que los demás validen nuestra razón, y estamos abiertos a aceptar las verdades de otros como válidas.

Netsaj. Nos movemos con claridad y decisión, incorporando los atributos de la parte superior del Árbol para empoderarnos. Sabemos cuándo iniciar, cuándo detenernos y cuánta energía invertir en nuestro trabajo, ocio e interacciones para que la experiencia sea gratificante y efectiva.

Hod. Permanecemos abiertos a adquirir nuevos conocimientos. Ajustamos, mejoramos o debatimos nuestra vida, pensamientos y acciones con Dios, con nosotros mismos y con personas de ideales similares. Sabemos exactamente cuándo hablar y cuándo guardar silencio.

Yesod. Reconocemos que hemos establecido una base sólida de creencias que nos apoyan y benefician. Atraemos a personas que nos brindan ayuda y consejo, y nos ven como individuos fuertes, fiables, claros y prósperos. Observamos con compasión los patrones inútiles y destructivos de otros, pero nos rehusamos a dejar que nos impacten.

Mailjut. Logramos una verdadera prosperidad en todos los niveles y tenemos la certeza de que nuestra vida es plena.

Este proceso puede parecer un ideal inalcanzable, pero refleja precisamente el mensaje de Jesús al decir: "Buscad primero el Reino de Dios" (Mateo 6:33). "Mailjut" se traduce como "reino", y el reino al que Jesús nos insta a aspirar es Azilut, el mundo divino, caracterizado por un estado eterno de renovación en el presente. Este concepto también se alinea con el Kéter del Árbol de la Vida Yezirático, que representa nuestro yo superior. Partiendo de esta premisa, nuestra existencia podría transformarse instantáneamente.

Extendiendo esta metáfora a la experiencia de enfrentar una enfermedad aguda o crónica, el proceso de ascender por el Árbol podría describirse de la siguiente manera:

Mailjut. Nos enfrentamos a la realidad de una enfermedad grave, un hecho ineludible.

Yesod. La reacción inicial puede ser de shock y negación, seguida de una oleada de información negativa que nos abruma, provocando terror y desconexión. Esta reacción se basa en experiencias y conocimientos previos, lo que nos hace sentir paralizados.

Hod. Buscamos información y hablamos con personas sobre la enfermedad desde nuestras perspectivas actuales, ya sean alopáticas o holísticas. Esta investigación incluye comprender tratamientos disponibles y escuchar experiencias de otros. El miedo puede atenuarse con pronósticos alentadores, pero a menudo persiste.

Netsaj. Tomamos acciones concretas para enfrentar la enfermedad, como asistir a citas médicas o explorar cambios en la dieta y terapias alternativas. La esperanza puede florecer con estas medidas, pero es frágil si no se observan mejoras rápidas.

Tiféret. Definimos claramente nuestra postura ante el tratamiento, balanceando lo que estamos dispuestos a soportar con nuestra entrega a los profesionales de la salud. La participación en grupos de apoyo puede ser curativa, aunque algunos pueden fomentar la identificación con la enfermedad.

Geburá. Enfrentamos decisiones críticas y lidiamos con sentimientos de culpa y responsabilidad. La importancia de cambiar nuestro estilo de vida se hace evidente para evitar futuras recaídas, más allá de la efectividad de los tratamientos alopáticos.

Jesed. Tras superar los síntomas, podemos sentirnos impulsados a apoyar causas relacionadas, buscando evitar el sufrimiento en otros. Sin embargo, la identificación con la enfermedad puede llevarnos a buscar compasión o a ejercer un nuevo tipo de poder sobre los demás.

Biná. Nos adaptamos a vivir como personas afectadas por una enfermedad, esperando que los demás reconozcan nuestra situación. Este estado puede impedirnos alcanzar una comprensión más profunda.

Jojmá. Cerramos nuestra mente a nuevas ideas que podrían contribuir a nuestra sanación, aferrándonos a nuestra identidad de enfermos.

Kéter. La enfermedad se convierte en el centro de nuestra existencia, eclipsando el alma mientras el cuerpo persiste.

Este recorrido ilustra cómo, a través de la enfermedad, podemos atravesar diferentes etapas de percepción y reacción, enfatizando la importancia de trascender nuestra identificación con la enfermedad para alcanzar una verdadera transformación y sanación.

El Viaje de Sanación: De la Cúspide al Raíz

El proceso de sanación puede describirse como un viaje desde la cima hacia la base del Árbol, siguiendo este camino:

Kéter. La noticia de un diagnóstico puede actuar como un despertar, sacándonos de la monotonía diaria y llevándonos a una profunda apreciación de la vida. El mundo se revela como un lugar sagrado y hermoso, lleno de alegría y maravilla, disipando el miedo.

Jojmá. Cada día se convierte en un regalo, y el diagnóstico se transforma en un punto de inflexión vital. Surge el deseo de aprovechar el conocimiento adquirido, tanto espiritual como corporal.

Biná. Entendemos la necesidad de revaluar y remodelar el tiempo, los límites, las decisiones y las relaciones, dándonos cuenta de su valor precioso en nuestro presente.

Jesed. El amor fluye hacia el mundo, la gente, nuestra familia, viéndolos todos como una unidad indivisible. Puede ser el momento de cumplir deseos largamente postergados o de embarcarnos en aventuras que transformen nuestra existencia, olvidando incluso nuestra enfermedad.

Geburá. Tomamos la decisión de eliminar lo que ya no nos sirve, ya sea cambiando nuestra dieta, nuestras perspectivas o alejándonos de relaciones tóxicas. Nos comprometemos activamente con los tratamientos que elijamos.

Tiféret. Nos enfrentamos y sanamos cualquier deseo interno de autodestrucción, o lo aceptamos con serenidad.

Netsaj. Nos sumergimos en un nuevo estilo de vida, ya sea en el plano físico, emocional, o ambos.

Hod. Hacemos una evaluación de nuestro progreso y nos ajustamos según sea necesario.

Yesod. Llegamos a aceptar, incluso a saber con certeza, que todo está bien.

Mailjut. Alcanzamos la sanación.

Es importante reconocer que también hay quienes, al empezar el viaje en Kéter, se desconectan por completo de la realidad, cayendo en el engaño o en fantasías infructuosas. Esto puede ocurrir cuando la conexión es unilateral y no se logra un equilibrio.

Existen personas que, aun sintiendo todas las emociones maravillosas descritas, comprenden que ha llegado su momento de partir, enfocándose en limpiar lo negativo para dejar este mundo de manera consciente y ejemplar, un regalo invaluable para todos.

Por último, hay quienes, partiendo de la base del Árbol, logran ascender limpiando los obstáculos en su camino gracias a su determinación. Aunque cada uno experimenta el viaje de manera única, la analogía subyacente permanece válida para todos.

Para el cabalista experimentado, el recorrido ascendente o descendente resulta más claro, ya que entiende profundamente los estratos del Árbol. Para conectar con Kéter, el conocedor se sumerge en meditación, elevando su consciencia más allá de lo tangible y el ruido del ego directamente hacia Tiféret, el núcleo psíquico en conexión directa con el espíritu, y de ahí a través del "agujero negro" de Da'at (sabiduría interna), hacia la Divinidad para alcanzar la Gracia.

Sin embargo, para los demás, este constituye el benéfico recorrido de sanación ascendente por el Árbol.

Mailjut. Tomamos conciencia de que padecemos alguna dolencia y que no podemos seguir en la misma línea; es necesario un cambio.

Yesod. Dejamos de engañarnos respecto a nuestra enfermedad, la aceptamos como propia y cesamos en culpar a otros por ella. Nos hacemos responsables (en el sentido de capacidad de responder, no de culpar) de ella. Esta enfermedad es nuestra y solo nosotros podemos sanarla mediante nuestros pensamientos, decisiones y acciones. Si tenemos suerte, quizás sea tratable con medicina convencional, pero aun así, es probable que sin un trabajo interior, la enfermedad o una similar vuelva a surgir en el futuro, puesto que aún tiene lecciones que impartirnos.

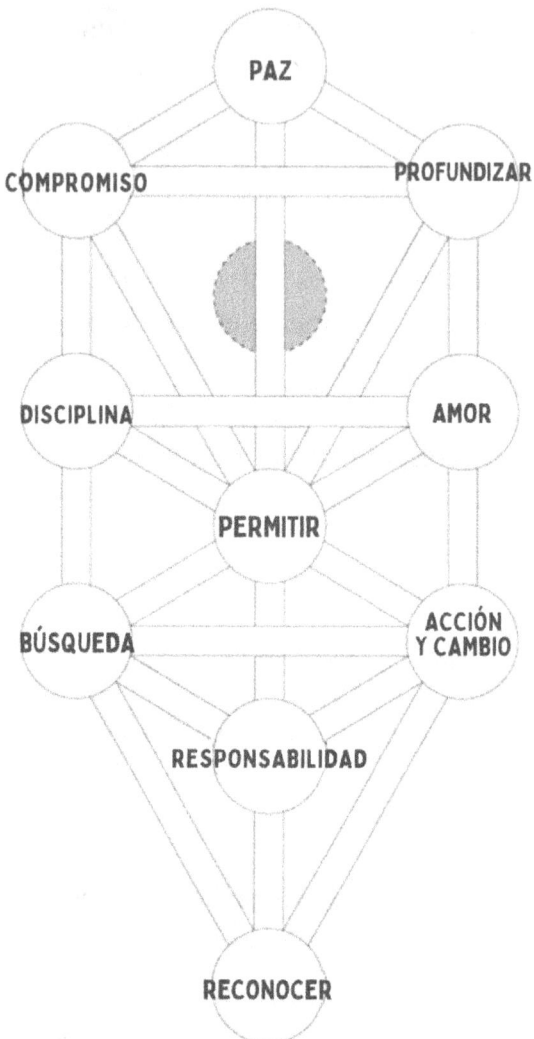

Hod. Cesar de tratar nuestro cuerpo o problema como un objeto y rechazar que otros nos traten de tal manera. Un objeto puede repararse; un ser humano necesita sanar en múltiples niveles; un ser humano enfermo es un alma que ha perdido la conexión con su propia salud y verdad. Exploramos alternativas.

Netsaj. Nos despojamos de los venenos. Esto puede ser tan simple como cambiar nuestra dieta para incorporar más o distintos nutrientes, pero también debemos enfrentar la razón detrás de nuestro deseo y necesidad por alimentos no saludables. Es preciso examinar qué pensamientos y creencias nos están intoxicando. No importa cuán justificados creamos que son, siguen siendo dañinos para nosotros, no la situación que los ha generado. Cada uno tiene sus propios venenos, muchos de los cuales están hábilmente ocultos, como la adicción a las redes sociales, la cafeína o el azúcar. Nos sentimos bien al satisfacer estos impulsos y sufrimos al negárnoslos. El desarrollo de la autodisciplina siempre presenta un desafío, especialmente cuando la disciplina externa previa ha sido insuficiente o demasiado severa.

Tiféret. Dejamos que florezcan las esperanzas y los sueños en vez de sofocarlos. La vitalidad es una forma de creatividad, y para ser felices, todos los seres humanos deben ser creativos. No importa si la creatividad se manifiesta en vestirse con estilo, hornear un pastel, pintar, escribir una canción o un cuento, cuidar de una planta, criar a un hijo o construir un montículo de piedras. En el momento en que dejamos de cantar, bailar, crear o buscar nuevas experiencias, comenzamos a desnutrir nuestra alma. Puedes pensar, "pero 'ellos' me lo impidieron". Quizás fue así, pero puedes empezar de nuevo. A veces es tan simple como notar el momento en que dejas de cuidar tu apariencia. Claro, no importa si llevas ropa vieja o de segunda mano; lo que cuenta es si tu ropa está limpia, cómo te sientes al vestirla y si continúas cuidando de tu cuerpo. Esto incluye también apoyar las esperanzas y los sueños de los demás en lugar de desalentarlos, por más absurdos que parezcan. Es fácil decir: "Eso ya se hizo", "Nunca lo lograrás" o "Es una idea tonta", pero eso es un asesinato psicológico. Una palabra amable tiene un poder increíble.

Geburá. Nos disciplinamos para aceptar que el cambio es necesario para la sanación. Esto exige fuerza, discernimiento y valor, representando quizás el desafío más grande. Nos distanciamos de familiares, amigos y situaciones que obstaculizan nuestra sanación. También dejamos de dar y hacer demasiado, adoptando un sano egoísmo. Ahora es el momento para nosotros, no para ser pisoteados.

Jesed. Descubrimos que la única respuesta auténtica es el amor. Amamos el mundo, el instante presente, la naturaleza y la vida en su totalidad. A menudo, esto implica perdonar, y el perdón se presenta como un desafío para el ego; después de todo, si alguien te ha hecho daño, esa persona es la culpable y tú la víctima, ¿correcto? El ego se deleita en aferrarse a esta noción. Sin embargo, el perdón no se trata del otro, sino de uno mismo. Mantenernos aferrados a un agravio prolonga nuestro dolor. Mientras tanto, es probable que la otra persona haya continuado con su vida felizmente. Esto no significa que no puedas expresar tu frustración, sino que no debes perpetuar esa expresión de disgusto. Comienzas a entrenar de nuevo tu mente para reconocer y valorar todo lo positivo que la vida ofrece y agradecer por las bondades recibidas. Reflexiona en esto: "La mejor manera de vengarse es llevando una vida plena y feliz."

Biná. Comprendemos que dedicarnos a nuestra propia sanación no es un acto de egoísmo, sino un regalo para el mundo. A mayor sea nuestro aprendizaje y nuestra capacidad para convertirnos en personas de paz, mayor será nuestra contribución al bien común. Como señaló Elizabeth Gilbert en su libro "Comer, rezar, amar": "Los dolores y problemas del mundo provienen de personas infelices. Esto no solo se aplica a figuras históricas de gran escala como Hitler o Stalin, sino también en el ámbito más íntimo y personal... Aliviar tu propia miseria te aparta del camino. Dejas de ser un obstáculo, tanto para ti mismo como para los demás. Solo entonces estás verdaderamente libre para servir y deleitarte con los demás".

Jojmá. Nos detenemos y hallamos quietud, tal vez a través de la meditación. Abrimos nuestros corazones y mentes a la inspiración, permitiendo que la guía, que en un principio puede parecernos absurda, nos alcance y nos muestre el camino a seguir.

Kéter. Alcanzamos la paz con Dios, cualquiera que sea nuestra percepción de ello.

Como se observa, ascender por el Árbol demanda un esfuerzo considerable y disciplina. Si no confiamos en lo que nos espera en la cumbre (Dios), simplemente no lograremos alcanzarlo.

Por ello, la primera sanación debe ser con nuestra relación con lo Divino. Sin esta base, es improbable que podamos siquiera empezar el resto de nuestro viaje hacia la sanación.

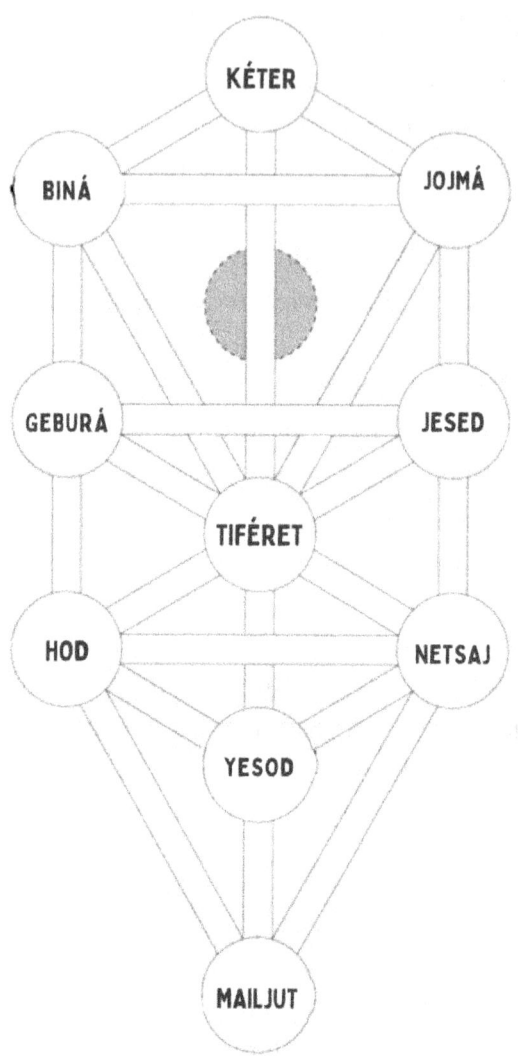

Parte II - Nuestra Relación Con La Divinidad

Capítulo V - La Esencia De Lo Divino

Hagamos una pausa para reflexionar sobre el concepto de religión.

La religión ha sido un medio por el cual los seres humanos hemos explicado nuestra desconexión con la Totalidad. No es un fallo divino, sino humano.

Se piensa que la palabra religión deriva de "ligare" en latín, que significa "atar". En su forma ideal, "religión" sugiere una reconexión o reatar. Una religión verdadera es aquella que elimina la distancia entre tú, los demás y lo Divino, disolviendo así la ilusión de separación. Por otro lado, una "mala" religión, que es la experiencia de muchos, nos enreda en dogmas y termina por alejarnos aún más de los demás y de lo Divino.

Es interesante que esta palabra tenga raíces latinas, ya que fue el Imperio Romano quien modeló la concepción de Dios que muchos en el mundo cristiano hoy adoran, critican o niegan. Antes de Roma y su antecesor, el Imperio Griego, la religión como tal no existía. Era simplemente una parte de la existencia, una conexión innombrada con el Universo y la Naturaleza. Existían nombres para diferentes deidades, ceremonias o colectividades, pero eran manifestaciones diversas de una única entidad: elementos distintos dentro de un todo inmenso e innombrado, el bosque oculto detrás de sus árboles.

Este panorama comenzó a transformarse dentro del judaísmo aproximadamente 500 años antes del nacimiento de Jesucristo con la edificación del Segundo Templo. Este marcó el abandono de prácticas de culto antiguas más inclusivas, centrando la atención en la ley más que en la Totalidad. Los primeros cristianos introdujeron una fe simple que acogía al extranjero, a la mujer, al esclavo; una fe basada en un amor profundo que prometía sostenernos en el sufrimiento y resucitarnos con su misericordia omnipresente. Sin embargo, cuando el cristianismo fue adoptado por el Imperio Romano, se inició una nueva era de politización de la fe, definiendo lo "correcto" e "incorrecto" en la adoración. Bajo el mandato del emperador Constantino, el cristianismo se convirtió en una herramienta de justicia divina, un legado que ha perdurado y ha inspirado a otras religiones a seguir su ejemplo.

La acción de "atar" o "reatar" puede ser una elección o una imposición. Puede significar un compromiso con algo positivo, pero el riesgo de rigidizar ese bien puede obstaculizar cualquier posibilidad de evolución, fluidez y renovación. La Cábala enseña que las verdades eternas deben renovarse para cada generación, de lo contrario se desvanecerán.

Nuestras creencias sobre lo Divino suelen ser inconscientes, moldeadas por la cultura y la religión de nuestro entorno. Sea que creemos o no en la versión de Dios promovida por nuestra cultura o religión, estamos influenciados por el entendimiento colectivo de nuestro entorno. Esto afecta tanto a ateos como a místicos, quienes a menudo rechazan la misma imagen de un Dios castigador, incapaz o no dispuesto a intervenir en las tragedias humanas. La diferencia radica en que los místicos buscan una conexión personal con lo Divino, entendiendo su relación con este y con el universo, mientras que los ateos prefieren vivir sin dicha conexión. Sería osado afirmar que muchos ateos pueden estar más alineados con la verdadera esencia divina que muchos creyentes.

Reflexiones sobre la Religión y la Espiritualidad

La religión puede verse como un marco inicial para nuestro ego o nuestro ser infantil, proporcionando un conjunto de normas y una comunidad de apoyo en nuestros primeros pasos hacia la espiritualidad. Sin embargo, conforme avanzamos en nuestro camino espiritual, se espera que transcendamos estos límites religiosos para establecer una conexión personal e inmediata con lo Divino. Esta idea se refleja en el cristianismo con el simbolismo de la cortina del Templo que se rasga tras la muerte de Jesús (Lucas 23:45), señalando que ya no es necesario un intermediario para acceder a Dios.

No obstante, rechazar la religión por las negatividades asociadas a ella no contribuye a nuestra sanación, sino que actúa en contra. Los conflictos religiosos surgen principalmente por la rigidez legalista y la resistencia a renovarse espiritualmente, más que por la apertura al espíritu y los cambios necesarios para reflejar la realidad contemporánea.

Es mucho más constructivo iluminar el camino con nuestro ejemplo, viviendo de acuerdo con los principios de la Sabiduría Perenne, que maldecir las limitaciones de la religión. Al hacerlo, podemos guiar a otros hacia un entendimiento más profundo y liberador de la espiritualidad, más allá de las estructuras religiosas tradicionales.

Un Árbol Arraigado En Lo Divino

Al entender el Árbol de la Vida arraigado en lo Divino, se destaca la importancia de una conexión sólida y clara con la divinidad. Las raíces fuertes son fundamentales para el florecimiento de cualquier ser.

Ahora, veamos cómo el Árbol de la Vida, asemejándose a un árbol real, ilustra perfectamente este concepto.

Kéter: Radical o raíz pivotante

Cada semilla que brota inicia su vida con una raíz pivotante, esencial para su supervivencia, que busca nutrición directamente del suelo y sostiene el desarrollo inicial del árbol. Estas raíces primarias necesitan de un ambiente fértil, húmedo y aireado para prosperar. A medida que el árbol crece, depende más de sus raíces secundarias para su nutrición y estabilidad continuas. Kéter representa la fuente de toda bendición y energía vital.

Jojmá: Raíces laterales

Con el crecimiento del árbol, las raíces laterales se vuelven esenciales, llegando a reemplazar a la raíz pivotante en muchos casos. Esto simboliza cómo las prácticas religiosas pueden llegar a suplantar la conexión directa con lo Divino. Estas raíces se extienden horizontalmente cerca de la superficie del suelo y solo profundizan en caso de necesidad, lo que puede ser problemático si el suelo es pobre o si las condiciones externas son adversas.

Biná: Micorrizas

Las micorrizas son hongos que establecen una relación simbiótica con los sistemas de raíces, intercambiando nutrientes por azúcares de las plantas. Este acuerdo beneficia enormemente al árbol, permitiéndole absorber nutrientes esenciales de manera más eficiente y protegiéndolo de enfermedades. Sin embargo, el uso de fertilizantes puede interrumpir esta relación natural.

Da'at: Savia

La savia funciona como el sistema circulatorio del árbol, distribuyendo nutrientes esenciales a través de su estructura. Su circulación varía con las estaciones, activándose principalmente en la primavera. Similar a Da'at, representa un canal de comunicación interno vital entre la fuente y la existencia del árbol.

Jesed: Albura

La albura, capa viva bajo la corteza, es esencial para el crecimiento del árbol. Este tejido activo es responsable de producir nuevas células tanto para la corteza exterior como para el interior leñoso, permitiendo que el árbol se expanda en diámetro anualmente. A medida que el árbol madura, no toda la madera necesita participar en la conducción de la savia.

Geburá: Duramen

El duramen proviene de la transformación de la albura más antigua. Aunque técnicamente muerta, proporciona soporte estructural al árbol y contiene resinas y minerales que lo protegen, demostrando cómo los elementos del pasado fortalecen y salvaguardan la totalidad.

Tiféret: Tronco

El tronco de un árbol encierra el cambium, un tejido vital que impulsa el crecimiento generando tanto la albura como el floema, encargado de distribuir los nutrientes desde las hojas. Este núcleo sirve como el punto de encuentro para todos los elementos esenciales del árbol, actuando como su eje central.

Netsaj: Ramas

Las ramas buscan extenderse hacia los cielos o a lo ancho para capturar la mayor cantidad posible de luz solar necesaria para la fotosíntesis. Amplían el alcance para la dispersión de semillas y atraen aves que contribuyen a este proceso al alimentarse y llevar las semillas a otros lugares.

Hod: Hojas

Mediante la clorofila, las hojas capturan la luz solar y absorben dióxido de carbono a través de pequeños poros, realizando la fotosíntesis. Este proceso vital no solo nutre al árbol, sino que también enriquece el aire con oxígeno.

Yesod: Corteza

La corteza es la armadura protectora del árbol, siendo lo primero que notamos a la vista. Simboliza a Yesod como la imagen que proyectamos al exterior, esencial para atraer lo que requerimos y protegernos.

Mailjut: Flores y frutos

Las flores y frutos representan la culminación y gloria del árbol, donde se manifiestan los esfuerzos de todas las otras sefirot. En Mailjut se ve el fruto de todo el proceso, siguiendo el adagio "Por sus frutos los conoceréis" (Mateo 7:6). Estos elementos, pese a ser los más vistosos, son también los más frágiles de la estructura.

Hacer a Dios a nuestra imagen

Cada uno de los Árboles de la Vida de la Escalera de Jacob se compone de dos cometas y cuatro tríadas laterales. En Yesirah, el plano donde se desenvuelven nuestras vidas mentales y emocionales, la cometa superior integrada por Kéter, Jojmá, Tiféret y Biná (Fuente, inspiración, verdad y comprensión) se une a la cometa inferior de Beriah, el ámbito espiritual, alcanzando incluso el mundo divino de Azilut (referencia a la figura en la página 35). Esta conexión actúa como nuestros pulmones y corazón espirituales, inspirando lo que en las tradiciones orientales se denomina chi.

El Kéter de Yesirah, que es el Mailjut del Mundo Divino, es conocido como "el Reino de Dios" según Jesús. También representa el Tiféret del mundo espiritual de Beriah, y su activación mediante la conciencia humana abre el canal para los milagros presentes en Azilut, que se perciben como la interconexión de diferentes mundos.

Este nivel superior del Ser permite que nuestra psique se impregne del Espíritu o, por el contrario, lo rechace. Es la dimensión de nuestro ser que establece un contacto directo con las fuerzas universales. Junto con la tríada del alma formada por Tiféret, Geburá y Jesed (verdad, discernimiento y amor incondicional), esta sefira gestiona o descarta las nuevas experiencias que enfrentamos.

La cometa inferior, formada por Tiféret, Netsaj, Mailjut y Hod (verdad, acción, materialidad y pensamiento), también es la superior en Assiyah, el mundo físico. Esta configuración conecta directamente con nuestro cuerpo, influenciando o siendo influenciada por lo físico, comparable a nuestro sistema digestivo y excretor, y juega un papel crucial en los patrones repetitivos de nuestra vida.

Tiféret, como nexo entre ambas cometas, es el centro de la conciencia y del alma, siendo el único punto desde el cual se accede al libre albedrío. Las funciones psíquicas inferiores a este nivel operan bajo un esquema programado, similar a las tríadas laterales vinculadas.

Aunque solemos creer que nuestras decisiones son conscientes, en realidad, la mayoría se basa en experiencias previas o en reacciones a estímulos externos. Las decisiones tomadas desde Tiféret suelen ser distintas y pueden resultar incómodas, ya que representan una novedad. Mantener estas nuevas elecciones puede ser desafiante ante la resistencia social.

La cometa inferior se asocia con el signo de Cáncer, el "signo madre" caracterizado por su cuidado y generosidad. Sin embargo, la dependencia de Cáncer de su caparazón para protegerse puede llevar a una actitud defensiva y a la necesidad de límites claros. Un Cáncer negativo puede caer en el exceso de dar, esperando reciprocidad en amor y reconocimiento, y reaccionará ante cualquier amenaza a sus defensas.

El desafío de cambiar patrones simples, como el orden en que nos vestimos o cepillamos los dientes, ilustra nuestra resistencia al cambio, algo que tanto nuestro ego como nuestro cuerpo evitan. Este entendimiento es vital para la sanación, ya que muestra nuestra reluctancia a explorar lo nuevo a menos que sea inmediatamente gratificante, una razón del atractivo de la medicina convencional que ofrece soluciones rápidas sin incomodidad.

Estar centrado

Al alcanzar un estado de equilibrio, concentración y enfoque en Tiféret, somos capaces de examinar nuestros hábitos y comportamientos, permitiéndonos tomar decisiones claras sobre su utilidad. Es posible vivir experiencias de manera consciente, observar nuestras reacciones frente a ellas y decidir informadamente con base en el conocimiento adquirido. Se nos presenta la oportunidad de sentir la influencia del Espíritu y convertirnos en canales de la Gracia. El punto de conexión en el Árbol de la Vida, denominado Da'at, actúa como un portal -referido aquí como la "gatera"- entre nuestra psique y el contacto directo con lo Divino. Este portal se puede abrir en ambas direcciones; por lo tanto, si estamos abiertos a nuevas influencias mientras mantenemos nuestra concentración, recibiremos Gracia, inspiración y orientación. En cambio, si cerramos nuestra mente a lo nuevo, el acceso se limita a una única dirección, proyectando nuestra psique inferior hacia el núcleo del reino espiritual de Beriah, lo que resulta en la repetición de experiencias pasadas. Esto ilustra el principio de la Ley de la Atracción: independientemente de si nuestra psique inferior se encuentra en un estado de felicidad y equilibrio o de tristeza y enfado, atraeremos experiencias similares a través de Da'at en Beriah, que opera bajo el principio de atraer lo semejante. Dado que somos descendientes de una fuerza creativa universal, poseemos la capacidad de crear, ya sea de manera consciente o inconsciente.

No deberíamos culparnos si actuamos de manera negativa de forma inconsciente; esto se debe a nuestra programación y creencias previas. Sin embargo, al tomar conciencia de que somos arquitectos de nuestra realidad, asumimos la responsabilidad de cambiar. Tenemos la capacidad de replantear o mantener nuestros pensamientos. Un enfoque renovado y persistente asegura el cambio, mientras que la persistencia en patrones obsoletos solo complica nuestra existencia.

La inspiración fluye desde Kéter, pasando por Jojmá y Biná hacia Tiféret, o directamente a través de Da'at hacia Tiféret. La diferencia entre estos dos caminos se puede percibir claramente; el primero se caracteriza por una intuición repentina seguida de aceptación o rechazo, susceptible a ser sobreanalizada o ignorada. El segundo camino es como un despertar, lleno de vitalidad renovada y una epifanía de "¡ah, claro!" Esta distinción se origina en la programación de las tríadas laterales. En la infancia, estas tríadas son puras; el niño ama instintivamente, anhelando explorar y jugar. Las frustraciones son transitorias y generalmente provocadas por incomodidades físicas. Conceptos como el bien y el mal son adquisiciones posteriores; ningún infante nace con prejuicios raciales, homofóbicos, ni alberga odio de ningún tipo. Sin embargo, conforme crecemos, desarrollamos circuitos neuronales que se cristalizan en nuestra programación subconsciente. Para los siete años, los patrones de las tríadas laterales se integran a tal punto que apenas somos conscientes de ellos, un aspecto crucial para comprender nuestra conexión con lo Divino.

Principios

El ego reside en Yesod y guarda similitud con Da'at, ya que ambos actúan como una interfaz entre distintas realidades. Esta entidad facilita la comunicación entre nuestra psique y nuestro físico, albergando nuestras reacciones instintivas. Se moldea a través de patrones reiterativos, sin discernir sobre la moralidad o corrección ética de sus juicios; algo es considerado positivo si resulta agradable o nos brinda seguridad y satisfacción, y negativo si representa una amenaza o incomodidad. Por otro lado, las tríadas intelectuales laterales establecen criterios más rigurosos, o al menos esa es la intención.

Estas tríadas se configuran dependiendo si enfocamos nuestra atención en la cometa superior o inferior del Árbol de la Vida. Durante la infancia, somos receptivos al misterio y la magia, pero a menudo se nos dirige a centrarnos en lo terrenal en vez de lo elevado, desplazando nuestras creencias fundamentales hacia ámbitos inicialmente destinados al asombro.

En nuestros primeros años, la experiencia del cuidado parental, frecuentemente a través de una mirada cargada de amor, nos lleva a sentirnos en unidad con nuestro entorno. El primer impacto de la separación, descubrir que no somos un todo unificado, marca el inicio del ego. Este aprende a diferenciar entre el "yo" y el "otro", y, con una crianza adecuada, tal revelación se vive con entusiasmo y curiosidad; de lo contrario, se convierte en la semilla del temor.

Nuestra segunda confrontación con la separación distingue entre lo que es "aceptable" e "inaceptable" para nuestro yo. El ego, creyendo que su supervivencia depende de satisfacer ciertas necesidades, impulsa nuestro cerebro a identificar rápidamente qué comportamientos captan la atención de los demás, esenciales para nuestro bienestar.

Ante esto, optamos por adaptarnos o rebelarnos. La rebeldía en etapas tempranas frecuentemente no es más que otro medio para obtener la atención que el ego demanda. En familias numerosas, es común que los progenitores presten más atención al hijo que presenta desafíos.

El tercer momento crucial de separación es cuando aprendemos a diferenciar entre la mente, el cuerpo y el alma, siendo instruidos a confiar en autoridades externas sobre nuestros instintos e intuición. Este momento marca un deterioro en nuestra relación con lo Divino y sobrecarga las tríadas intelectuales encargadas de la ética y moralidad.

Nuestra cuarta gran separación se relaciona con la comprensión de la vida y la muerte. Algunos la experimentan a través de la pérdida de seres queridos o mascotas, mientras que otros se mantienen al margen, conociendo estos conceptos solo por referencias indirectas. Para aquellos a quienes se les ha enseñado que la muerte es un fin absoluto o un tabú, enfrentar la pérdida o explorar la espiritualidad se torna especialmente desafiante. Solo al aceptar nuestra ignorancia buscamos la gracia divina.

La influencia de la temprana infancia en el desarrollo de nuestro panorama psicológico es inmensa. La falta de incentivo hacia la exploración y el asombro impide un desarrollo saludable de la conciencia en Tiféret, permitiendo que Yesod domine nuestra percepción, relegando lo Divino a una noción preconcebida. Cuando los patrones reiterativos se imponen, ascendiendo a través del Árbol sin cuestionamiento por parte de un Tiféret adormecido, se solidifican como creencias y emociones inmutables.

La redención de esta mente condicionada demanda un desplazamiento de enfoque, resistido por el ritmo frenético y distractor de la sociedad contemporánea. El ego, en su intento por evadir el sufrimiento, busca constantemente distracciones.

Frecuentemente, se requiere un evento disruptivo, como una enfermedad, una tragedia o un acontecimiento milagroso, para reorientarnos hacia una conciencia plena.

Paradójicamente, aunque no lo percibamos así en el momento, enfrentar al menos uno de estos episodios es casi inevitable en nuestra existencia terrenal.

Capítulo VI - Las Tríadas Laterales De Intelecto Y Principio

Las tríadas laterales se conforman por nuestros pensamientos recurrentes y nuestra capacidad intelectual, elementos a los que Sigmund Freud aludía al hablar del Superyó y del Ideal del Superyó. Estas se distinguen del ego que reside en Yesod, el cual se relaciona más con la interacción entre la mente y el cuerpo, así como con las emociones y la sensación de seguridad. Podríamos caracterizar a las tríadas superiores por lo que aceptamos o rechazamos pensar, por nuestras creencias o incredulidades respecto a Dios y los demás, mientras que Yesod se enfoca en cómo percibimos los sentimientos de los demás hacia nosotros y nuestra vivencia de estos. Yesod representa nuestro instinto, siendo profundamente personal.

Las tríadas intelectuales configuran nuestras convicciones éticas y morales, nuestra filosofía de vida, nuestros principios y nuestra percepción de la divinidad, en caso de creer en ella. Es crucial abordarlas ya que sin un entendimiento de su influencia sobre nosotros, nuestras posibilidades de avanzar en nuestro proceso de sanación serían limitadas.

Definir la ética y la moral siempre presenta un desafío. La palabra "ética" proviene del término griego ethikos, que a su vez deriva de ethos, significando costumbre o hábito. Cicerón, el político y jurista romano, introdujo el término moralis como el equivalente latino de ethikos, por lo que en su esencia, "ética" y "moral" comparten un significado común.

No obstante, para el propósito de estas tríadas, considero que la ética se refiere a nuestras creencias sobre lo que está bien o mal, mientras que la moral se relaciona con cómo actuamos conforme a esas creencias. Además, propongo que la ética engloba las normas establecidas por la sociedad y la ley, y la moral abarca las acciones dictadas por nuestra religión o sistema de creencias. Estas tríadas determinan nuestra aprobación o desaprobación hacia casi todo.

La integridad, situada en la columna central, es lo que logramos cuando nuestra ética y nuestra moral se alinean.

Una tríada izquierda en equilibrio actúa con rectitud, guiada por un sentido de equidad.

Una tríada derecha en equilibrio procede con corrección, fundamentada en la justicia.

Las tríadas laterales se componen de nuestros pensamientos recurrentes y la capacidad intelectual, correspondiendo a lo que Sigmund Freud conceptualizó como el superyó y el ideal del superyó. Se distinguen del ego situado en Yesod, que se relaciona más con la interacción entre mente y cuerpo, así como con nuestras emociones y sensación de seguridad. Las tríadas superiores se ocupan de lo que aceptamos o rechazamos intelectualmente, especialmente en términos de nuestras creencias sobre la divinidad y los demás, mientras que Yesod se centra en cómo percibimos las emociones de los demás hacia nosotros y nuestra experiencia personal de estas. Yesod representa nuestro instinto y es altamente personal.

En el ámbito intelectual, las tríadas determinan nuestras normas éticas y morales, filosofía de vida, principios y la naturaleza del Dios en el que, posiblemente, creemos. Su comprensión es crucial, ya que sin reconocer su influencia sobre nosotros, avanzar en nuestro proceso de sanación puede ser un desafío.

Definir qué constituyen la ética y la moral es complejo. "Ética" proviene del término griego ethikos, que deriva de ethos, significando costumbre o hábito. Cicerón, el político y abogado romano, introdujo el término moralis como el equivalente en latín a ethikos, lo que indica que ambos conceptos comparten una raíz común en el significado.

Para estas tríadas, la ética se entiende como nuestras creencias sobre lo correcto e incorrecto, mientras que la moral se refiere a cómo actuamos basándonos en esas creencias. La ética se considera como las normas dictadas por la sociedad y la ley, y la moral como las acciones guiadas por nuestra religión o sistema de creencias. Estas estructuras influyen significativamente en nuestra aprobación o desaprobación de casi todo.

La integridad emerge cuando nuestra ética y moral están alineadas.

Una tríada izquierda equilibrada promueve la acción correcta basada en la equidad.

Una tríada derecha equilibrada enfatiza la justicia como su principio ético.

Sin embargo, la aplicación de la justicia puede variar; encarcelar de por vida a alguien por homicidio puede ser justo en algunas circunstancias, pero no necesariamente en todas.

La discriminación positiva puede ser vista como justa o injusta, dependiendo del contexto, lo que demuestra la complejidad de estos conceptos.

El superyó comprende las normas sociales que creemos deberían regir la sociedad, abarcando desde hábitos cotidianos hasta creencias espirituales. El ideal del superyó refleja cómo nos relacionamos con estas normas, pudiendo ser de manera inspiradora y altruista, o bien, considerándonos exentos por sentirnos especiales o superiores.

El ideal del superyó puede llevar a acciones de colonización o a creencias en derechos divinos o poder militar, sin consideración por el daño que estas puedan causar, basándose en la convicción de estar en lo correcto.

Carl Jung señaló que gran parte de nuestra energía, tanto positiva como negativa, reside en el inconsciente, influenciado por estas tríadas sin que seamos plenamente conscientes.

Tanto Jesús de Nazaret como San Pablo compararon esta influencia oculta con la levadura, siendo beneficiosa para una vida plena o perjudicial si corroe el alma. San Pablo aboga por renovarnos desechando la "levadura vieja" de patrones negativos.

Nuestras creencias están profundamente influenciadas por nuestro entorno, como demuestra la variabilidad cultural en prácticas alimenticias. La exposición a nuevas experiencias y perspectivas, como viajar, desafía al ego y promueve el crecimiento personal a través de Tiféret, fomentando la apertura a realidades alternativas.

El discernimiento y la compasión deberían guiar la reevaluación de nuestras tríadas programadas, evitando la ceguera y el fundamentalismo cuando estas son rígidas.

Las diferencias en prácticas dietéticas, como el vegetarianismo en diversas culturas budistas, ilustran la complejidad de juzgar las creencias y acciones a través de nuestras tríadas, pudiendo interpretarse como hipocresía o pragmatismo.

El activismo por los derechos de los animales, por ejemplo, puede convertirse en fundamentalismo cuando se niega la validez de perspectivas diferentes, demostrando cómo el superyó ideal puede caer en el juego de la superioridad.

La caza del zorro resalta las diferencias éticas y morales entre comunidades, mostrando cómo lo que puede ser ético para algunos, puede ser visto de manera diferente por otros, enfatizando la complejidad de aplicar un juicio uniforme en situaciones diversas.

Para un carnívoro ajeno a la realidad del campo o para un vegetariano, la caza puede ser vista como éticamente cuestionable e inmoral. Esta perspectiva se fundamenta en la percepción de inocencia del zorro y en el rechazo al disfrute derivado de su caza. En la sociedad moderna, prevalece una indignación moral ante la idea de obtener placer de la muerte de cualquier ser vivo, hasta el punto de que algunos encuentran difícil incluso cosechar vegetales. Sin embargo, la mayoría no dudaría en eliminar un mosquito que amenaza con picarnos o consumir entretenimiento violento, justificándolo bajo la noción de estar del lado de los "buenos".

Las tríadas intelectuales laterales se alimentan principalmente de emociones intensas, donde la pasión puede ser constructiva, pero su contraparte negativa es la ira. Las emociones más suaves, como el amor, la empatía, la culpa y el dolor, se localizan en las tríadas inferiores cercanas a Tiféret. La ira de las tríadas laterales, basada en un sentido de superioridad, es especialmente peligrosa. Esta se centra en lo que otros deberían o no hacer, asumiendo que nuestras acciones son correctas, y puede llevar a actos extremos de injusticia.

Estas tríadas intelectuales pueden influir negativamente en la tríada del alma, compuesta por Geburá, Jesed, y Tiféret (discernimiento, amor incondicional y verdad), y si se exacerban, pueden consumir el alma, conduciendo a juicios y a la imposición de "verdades" sin claridad ni compasión. Ejemplos históricos como Adolf Hitler y el régimen nazi demuestran el peligro de operar desde tríadas intelectuales extremas, que justificaron el exterminio de judíos, gitanos, homosexuales, entre otros, basándose en creencias distorsionadas.

El conflicto árabe-israelí también refleja la tensión entre estas tríadas, con interpretaciones divergentes del mandato divino a Abraham. El enfoque sionista, que privilegia el derecho exclusivo de Israel a la tierra, contrasta con una visión mística, que ve la promesa divina como una experiencia interna, un mensaje que Jesús intentó transmitir destacando que el Reino de Dios reside dentro de nosotros.

La falta de conexión con lo Divino impide comprender una enseñanza clave, tanto en el hebreo como en el Nuevo Testamento, de que nuestras necesidades serán provistas. El conflicto perpetuo entre árabes e israelíes, basado en la posesión de la tierra, ilustra la destrucción mutua alimentada por la incomprensión y la falta de fe en la intervención divina. Esto se debe en parte a la desatención o el descarte de las verdades místicas.

Para evaluar si se actúa desde una tríada lateral desequilibrada, basta con reflexionar sobre si nos sentimos superiores o inferiores a otros en nuestras posturas éticas, religiosas o morales. A medida que la sociedad se vuelve más legalista, religiosa, atea y convencida de que el control recae en la humanidad, desvinculándose de la Tierra, prevalece un sentido de superioridad en ciertas creencias.

La Tríada De La Mano Izquierda

La tríada izquierda, compuesta por Biná, Tiféret y Geburá (entendimiento, belleza, poder), funciona como un contrapeso restrictivo frente a la tríada derecha de Tiféret, Jojmá y Jesed (belleza, sabiduría, misericordia). Aunque esta restricción es esencial para mantener el equilibrio, una sobre enfatización puede conducir a una rigidez contraproducente. Representa las estructuras intelectuales y críticas que sustentan nuestras vidas, actuando como el soporte lógico y ritual de nuestra mente científica, aferrándose firmemente a las reglas establecidas. Por ejemplo, las diferencias en las tradiciones familiares respecto a algo tan simple como el orden en que se comen los bombones pueden revelar profundas programaciones culturales y personales sobre lo que se considera aceptable o codicioso. Este tipo de programación, extendida a prácticas más amplias como matrimonios arreglados, normas religiosas o leyes, a menudo resulta en conflictos no por la veracidad de las creencias, sino por su profunda internalización.

Esta tríada busca legislar para crear un mundo más justo e igualitario, manteniendo ciertos aspectos bajo control conforme a las políticas de una nación, una corporación o un cuerpo judicial. Supervisa regulaciones en medicina, grupos y sociedades para asegurar su adhesión a normas concretas. Sin embargo, enfrenta dificultades para aceptar tratamientos holísticos como la homeopatía, que escapan a la validación del método científico, o cualquier práctica que actúe sobre el espíritu en vez de lo físico.

La Tríada De La Mano Derecha

La Tríada Intelectual derecha, conformada por Jojmá, Jesed, Tiféret (inspiración, bondad, belleza), gobierna nuestras ideas sobre la existencia de Dios, la naturaleza del Universo como benévola o malévola, y la creencia en el cielo o el infierno. Funciona como las raíces secundarias que a menudo toman la iniciativa, suplantando el contacto de la raíz principal con la realidad.

Estas convicciones, cargadas de intelecto y pasión, encuentran su fuerza en el entusiasmo personificado por Jojmá y Jésed. Al desafiar estas ideas, nos percibimos como revolucionarios en un mundo de conformistas. Si nos inclinamos hacia el fundamentalismo, sentimos un impulso hacia el proselitismo. La obsesión con la "corrección" de estas creencias nutre el orgullo en Tiféret, peligroso para el alma, ya que, aunque el orgullo por logros es saludable, enorgullecerse de la superioridad de nuestras creencias, nación o religión es destructivo, fomentando el odio y el desprecio hacia los demás.

Esta tríada abarca desde los misioneros y los innovadores hasta la Inquisición y los pogromos. En equilibrio, promueve genuinas buenas nuevas y estimula la exploración y el descubrimiento. Desbalanceada, su interpretación de la misericordia es pervertida, justificando la salvación de almas a través del exterminio o la erradicación de pueblos vistos como inferiores. Representa la avaricia corporativa indiferente al planeta y las prácticas predatorias en la industria farmacéutica.

En este estado, la culpa, el autoanálisis y la tristeza son innecesarios, pues todo se atribuye a factores externos. Aquí, uno puede negar la existencia de Dios y aun así culparlo. Esta tríada, cuando es negativa, solo reconoce una divinidad preocupada por trivialidades en vez de enfrentar grandes tragedias.

Se manifiesta en nuestra vida como agresión pasiva, especialmente en internet, donde es fácil atacar a otros. Memes que desafían a los amigos a demostrar su lealtad son ejemplos de cómo se proyecta este nivel de conciencia.

La Verdad

La proximidad de las tríadas laterales a la central, compuesta por Biná, Jojmá y Tiféret (entendimiento, inspiración, belleza), es alentadora porque implica que experiencias significativas o revelaciones espirituales pueden renovar nuestras percepciones previamente adquiridas. Sin embargo, la limitación radica en que estas tríadas no encarnan la Verdad absoluta. Nuestras observaciones y aprendizajes están inevitablemente coloreados por nuestras preconcepciones y juicios, sumergidos en capas de interpretación personal. La Verdad Perenne, en contraste, trasciende las nociones culturales, emocionales o intelectuales y permanece inmutable a lo largo del tiempo, ajena a nuestras construcciones aprendidas, que no son más que ilusiones. A menudo, nuestras convicciones morales nos predisponen a rechazar la posibilidad de una Verdad más grande. Un ejemplo claro de esto es la negativa a reconocer la capacidad de las mujeres para enseñar Cábala, desafiada por la realidad de una mujer que efectivamente lo hace, lo cual, según ciertas creencias, no debería ser posible.

Cuando las tríadas laterales dominan, nos convencemos erróneamente de poseer la verdad absoluta, alejándonos de ella en el proceso. Este egocentrismo obstruye nuestro vínculo con el espíritu y promueve una rigidez que impide la iluminación y el despertar que Tiféret facilita. Esta obstrucción desvía la transmisión de información a través de las rutas alternativas del Árbol de la Vida, de Geburá a Hod y de Jesed a Netsaj, infiltrando y programando nuestro ego y físico con creencias arraigadas en la supervivencia, lo que perpetúa conflictos tribales como mecanismo de supervivencia.

Las ilusiones más perniciosas almacenadas en las tríadas intelectuales abarcan temas de divinidad, religión, autoridad, finanzas, gobierno, monarquía, moralidad, raza, sexualidad y género.

Dado que los signos de fuego representan las tres tríadas superiores, el fuego, elemento del reino divino de Azilut, se convierte en la herramienta para su sanación. Para remediar las distorsiones de las tríadas laterales, es esencial reexaminar nuestra conexión con lo divino. La frase "los fuegos sanadores de la Gracia" subraya que la Gracia, incondicional y omnipresente, no se obtiene por méritos; está simplemente disponible para quien esté dispuesto a recibirlo, abriendo su corazón y mente.

Antes de cualquier intento de sanación, es crucial abordar y transformar cualquier creencia negativa que podamos albergar sobre la divinidad o la religión. Concepciones profundamente arraigadas, como la idea de un Dios indiferente, que nos considera indignos, que busca castigarnos por errores anteriores, o que nos impide ser espirituales y prósperos al mismo tiempo, actúan como barreras contra la Gracia. Estas creencias negativas, ya sean inconscientes, subconscientes o conscientes, pueden sabotearnos en cada etapa de nuestro proceso de curación.

Incluso pueden llevarnos a permitirnos un atisbo de esperanza o la posibilidad de un nuevo comienzo, solo para luego destruirlo de forma tan devastadora que nos quede el temor de volver a intentarlo.

Capítulo VII – En El Comienzo

La figura espiritual Byron Katie señala que si albergas odio hacia alguien, es imposible que ames a Dios. Vale la pena reflexionar sobre estas palabras repetidamente. Un método eficaz para determinar si mantenemos una conexión genuina con lo Divino es considerar si pensamos que Dios desprecia a las mismas personas que nosotros.

Descubriremos si enfrentamos un conflicto con Dios al estar seguros sobre su naturaleza. Esto se debe a que la fe y la certeza son conceptos opuestos. La religión y nuestras convicciones intelectuales suelen presentarse con seguridad. Ambas se caracterizan por ser racionales, sociales, verbales, lineales y transaccionales. En contraste, la fe es misteriosa, receptiva, transformativa y siempre dispuesta a lo nuevo. Reside en el aquí y ahora, es impredecible, lo cual lleva a muchos a rechazarla, prefiriendo adherirse a textos a menudo obsoletos.

Sin armonía con Dios, nos resultará imposible encontrar paz en nosotros mismos, nuestras emociones, nuestro cuerpo o nuestras finanzas. Según la Cábala, formamos parte del ente divino, esenciales e integrantes del Universo. El misticismo cristiano identifica a este ser divino con Cristo, presente desde el inicio de los tiempos y encarnado en Jesús de Nazaret, entre otros. El judaísmo lo denomina Adán Kadmon. Esencialmente, somos parte de Dios, y cualquier incomodidad con lo Divino equivale a un rechazo de nuestra propia esencia, nuestro origen, lo cual constituye una barrera significativa para la Gracia. Considerar a Dios como algo externo conlleva una desconexión espiritual y el fortalecimiento de creencias intelectuales limitantes.

Ser ateo es aceptable, pero no ser antiteísta. Un antiteísta manifiesta rechazo y enojo hacia la noción de Dios, insistiendo en la inexistencia de lo Divino. Este enojo prolongado es perjudicial para el alma y el espíritu, independientemente de creer en su existencia. El fundamentalismo surge de esta actitud conflictiva.

Los ateos pueden ser personas serenas y empoderadas, asumiendo la responsabilidad por su existencia sin esperar salvación o condena, eligiendo el bien por convicción propia.

Contrariamente, las personas religiosas que se adhieren estrictamente a las leyes y creencias tribales suelen estar insatisfechas, habiendo perdido la conexión con el espíritu y exigiendo a otros que se ajusten a sus normativas de corrección.

Muchos creen estar en paz con su concepción de Dios, aunque en realidad no lo estén. Quienes se identifican como espirituales a menudo evaden esta cuestión, refiriéndose a Dios como "El Universo" o "Fuente de Energía". Esto es válido siempre y cuando resulte en una vida feliz y próspera. De no ser así, las influencias negativas persisten, evitando enfrentar la verdadera problemática. La palabra "Dios" puede evocar asociaciones con el patriarcado y el control, pero son precisamente estos conceptos los que deben ser revisados y no evitados.

Tras años de observación, se ha notado que el resentimiento no confrontado o el miedo hacia Dios, o hacia nuestra percepción de lo divino, es una causa común de la pobreza, especialmente en el occidente. Dios es fuente de toda provisión y, sin resolver estos conflictos internos, la espiritualidad por sí sola no garantiza la prosperidad. El dinero, siendo una energía neutra, refleja nuestras creencias y emociones. Si no reconocemos nuestra unidad con el Todo y la natural abundancia de la existencia, caemos en la creencia de que debemos esforzarnos y sufrir para prosperar. Aunque muchos maestros sugieren "haz lo que amas y el dinero seguirá", esta verdad se manifiesta únicamente al liberarnos de nuestros propios conflictos internos respecto a Dios, permitiéndonos descubrir nuestras verdaderas pasiones y propósitos.

Descubriendo El Origen

Para sanar las heridas vinculadas a la percepción de Dios, es crucial identificar el origen de nuestras cargas emocionales, que en muchas personas criadas en culturas occidentales proviene de la interpretación religiosa de la Biblia. Estas interpretaciones han permeado la sociedad a lo largo de generaciones, influyendo incluso en aquellos fuera de la fe abrahámica. A pesar de vivir en una era más secular, estas enseñanzas siguen presentes en nuestro subconsciente colectivo.

Reabrirse Al Entendimiento

"En el principio, Dios creó los cielos y la tierra."

Este enunciado abre el Libro del Génesis. La palabra "Dios", traducida de "Elohim" en hebreo, ha generado un intenso debate sobre su género. Cada término en hebreo deriva de una raíz triconsonántica que, antes de la estandarización del texto hebreo, no incluía vocales, permitiendo múltiples interpretaciones. La falta de una versión original nos deja sin conocer la intención detrás de las palabras iniciales.

Todo individuo posee una perspectiva única sobre Dios.

La visión cabalística reconoce la creación como una interacción divina de energías masculinas y femeninas, unidas por la unicidad de lo Divino.

La raíz de "Elohim" puede interpretarse como masculina o femenina dependiendo de su vocalización, aunque generalmente se considera un término plural. Se entiende que "Ruach Elohim" (el espíritu de Dios) posee género femenino, mientras que "Yahvé", una designación divina sin género, se asocia con el acto de ser, apareciendo con la creación de la humanidad.

Stephen Pope, estudioso de la Cábala, sostiene que "Elohim" no puede traducirse de manera definitiva, abarcando conceptos como movimiento, quietud, aliento y "aguas maternales".

Al crear a la humanidad "a su imagen", "varón y hembra los creó", se desafía cualquier interpretación que limite a Dios a una sola expresión de género. Jesús se refiere a Dios como "Abba" o padre, pero "Amma" o madre sería igualmente válido.

Por lo tanto, es razonable concluir que muchas traducciones bíblicas son imprecisas, y la narrativa original, posiblemente transmitida oralmente, era inclusiva y no binaria.

La idea de la Trinidad, presente no solo en el cristianismo, representa la interacción entre la unidad y la diversidad, una danza cósmica que abarca lo Divino en sus expresiones masculina y femenina.

Este concepto divino no exige nuestra adoración, sino que representa la unidad detrás de todo el universo. A pesar de la formalización de la religión, tradiciones como la Cábala han mantenido que lo Divino es inefable, accesible únicamente a través de la experiencia directa.

La esencia de las enseñanzas perennes es liberar nuestras mentes y corazones de creencias obsoletas, permitiendo que el amor divino nos transforme y nos capacite para inspirar a otros.

La transformación de nuestras percepciones intelectuales requiere un esfuerzo consciente. Aunque el uso de afirmaciones y la reprogramación mental pueden mejorar nuestras respuestas, es un proceso desafiante. nuestras creencias forman caminos neuronales que se activan hasta ser reemplazados por nuevos patrones.

Focalizarse en resolver nuestras discrepancias con la divinidad nos permite experimentar una transformación profunda, fortaleciéndonos y brindándonos el apoyo necesario para superar viejas creencias negativas.

La Esencia De La Gracia

La Gracia es un término esencial en el camino hacia la sanación, definida en el ámbito espiritual como un don inmerecido. Se caracteriza por ofrecer claridad, bondad, amor y sanación sin esperar nada a cambio. Similar al chi por ser una energía vital, la Gracia se distingue por su capacidad de convertir lo negativo en positivo. No existe la indignidad ante la Gracia; esta se encuentra siempre accesible en el núcleo de nuestra conciencia, esperando que le permitamos entrar.

San Pablo en su carta a los Romanos presenta la Gracia como lo opuesto a la ley, un medio para superar creencias restrictivas y obtener liberación. Según sus palabras, "Porque el pecado no tendrá dominio sobre vosotros, ya que no estáis bajo la ley sino bajo la gracia".

Es común que al iniciar nuestra búsqueda espiritual presenciemos milagros, como una mejora económica, alivio de malestares o un incremento del amor. Sin embargo, estos momentos de alegría son efímeros, ya que antiguas creencias tienden a recuperar su influencia. La solución es invocar la Gracia constantemente, orientándola hacia nuestra sanación para evitar que refuerce patrones mentales negativos, potenciando así nuestra recuperación.

Las ilusiones que a menudo nublan nuestro entendimiento dificultan el reconocimiento y la aceptación de nuestro verdadero ser. La Oración de Gracia busca canalizar el amor divino para purificarnos y descubrir nuestra auténtica esencia de manera gradual. Hacer de la invocación de la Gracia una práctica diaria constituye uno de los actos de sanación más poderosos, facilitando el proceso de superación de obstáculos emocionales e intelectuales.

Capítulo VIII - Desvirtuando La Creencia En Un Dios Celoso

Ahora que hemos identificado lo complejas que pueden llegar a ser nuestras creencias, es momento de empezar a desenmarañarlas. La estrategia más efectiva para que nuestra mente aborde este desafío, especialmente en lo que respecta a nuestra relación con Dios, es revisitar los fundamentos de la ley en las tradiciones abrahámicas. Dado que es probable que las interpretaciones de las enseñanzas bíblicas hayan originado estos dilemas, ahí es donde debemos iniciar el proceso de sanación. Independientemente de si consideramos estas enseñanzas irrelevantes o no, sin una revisión profunda, solo añadiremos resentimiento o enojo a nuestra percepción, reforzándolas paradójicamente. Reinterpretar, actualizar y recontextualizar estos textos a través del prisma de Las Sefirot nos permite emplear el mismo marco conceptual, facilitando así el proceso de comprensión para nuestra mente.

El Primer Mandato

"Yo soy el Señor, tu Dios, que te saqué de la tierra de Egipto, de la casa de servidumbre. No tendrás dioses ajenos delante de mí" (Éxodo 20:2).

Este mandamiento se ubica en Kéter en el Árbol de la Vida, representando nuestro yo superior, nuestro chacra coronario y nuestro vínculo con lo Divino. Así como Mailjut en el mundo divino de Azilut es "el Reino de Dios".

La expresión "el Señor tu Dios" se traduce como Yahweh Elohim, el nombre que se reveló a Moisés en la zarza ardiente. El término definitivo es Eheyeh Asher Eheyeh, a menudo interpretado como "Yo Soy el que Soy" o "Yo Seré lo que Seré", reflejando la naturaleza pictográfica del hebreo. Esta declaración simboliza la conexión intrínseca entre lo humano y lo Divino, una manifestación de Dios trascendente e inmanente: Dios revelándose en y a través de nosotros. Implica que, al ser uno con la Creación, somos expresiones vivientes de Dios, participando activamente en el misterio divino, algo que el intelecto no puede comprender completamente, sino solo vivenciar.

Dios es la totalidad de la existencia, presente en cada instante, sin una "mente" separada, sino como la conciencia universal. No se trata de un ser, sino del Ser en sí. Cada individuo es un reflejo del YO SOY, manifestando a Dios según permita su libre albedrío.

Somos partes esenciales de la odisea creativa, encarnaciones dinámicas de lo Divino, reconocidas o no. "Yo era un tesoro oculto que deseaba ser descubierto, así que creé un mundo para revelarme y ser conocido", narra el Hadith Qudsi, sugiriendo que el descubridor de este tesoro es cada uno de nosotros.

Contrario a lo que muchos estudiosos y religiosos afirman, el Génesis aclara que fueron los Elohim quienes dieron origen al universo, no Yahvé solo. Yahvé se une a la narrativa con la creación de la humanidad, simbolizando la unión de lo masculino y femenino divinos. Tras la expulsión de Adán y Eva del Edén, Yahvé adquiere predominio, interpretado erróneamente como exclusivamente masculino. La teología sugiere que esta visión se solidificó tras la destrucción del Primer Templo, cuando se suprimió el culto a la Divinidad Femenina.

La Cábala nos invita a profundizar en este misterio, reconociendo que los nombres divinos trascienden cualquier traducción literal. Elohim encarna conceptos como el movimiento y la vida, mientras que Yahvé representa el ser. Estos aspectos divinos distan mucho del dios guerrero y vengativo tradicionalmente enseñado.

Es revelador descubrir, al estudiar la Biblia, cuántas veces los conflictos y transgresiones humanas surgen de malinterpretar las guías divinas. El primer libro de Samuel ilustra cómo la demanda de un rey por parte del pueblo, a pesar de la orientación divina, marca uno de tantos ejemplos de esta desconexión.

La Respuesta Divina y la Decisión Humana

La advertencia divina entregada a través de Samuel detalla las consecuencias de elegir un monarca terrenal: la pérdida de la libertad y la imposición de cargas severas sobre el pueblo. Sin embargo, la insistencia del pueblo en tener un rey conduce a conflictos y devastaciones documentadas a lo largo de las escrituras. Este relato subraya la importancia de escuchar la guía divina para evitar las adversidades.

La diversidad de nombres y formas para referirse a lo Santo en el texto hebreo original de la Biblia revela una rica interacción entre lo masculino y lo femenino divinos, reflejando las múltiples facetas de la Divinidad. A lo largo del tiempo, las enseñanzas originales han sido simplificadas, posiblemente por desconocimiento de la tradición oral que las sustentaba, reduciendo la complejidad de esta gran Enseñanza.

Este primer mandamiento enfatiza la importancia de priorizar nuestro desarrollo espiritual y comprensión sobre cualquier otra cosa, no como una obligación de adoración, sino como un camino hacia la prosperidad a través de la conexión con la Unidad de Todo, que también reside en nosotros.

El mandamiento reconoce la existencia de otros dioses, entendidos como aquello a lo que nuestras tríadas intelectuales otorgan valor supremo. En la actualidad, tendemos a anteponer numerosos aspectos materiales y sociales a nuestra conexión espiritual, tratándolos como nuestros "dioses".

La verdadera conexión espiritual se caracteriza por su naturaleza no dual, reconociendo la verdad en todas las cosas y promoviendo una actitud de "sí y..." en lugar de exclusión o limitación.

Desde la perspectiva de Kéter, se nos invita a adoptar una visión amplia, similar a la del águila, que nos permita comprender el panorama completo en lugar de quedarnos atrapados en los detalles triviales, evitando así caer en la trampa del juicio.

La "casa de servidumbre" mencionada se refiere a la esclavitud en Egipto, simbolizando todas las formas de pensamiento y creencia que nos limitan, invitándonos a emprender un viaje de liberación hacia una mayor libertad y comprensión.

La Cábala nos alienta a dejar de lado prejuicios, hábitos y creencias arraigadas, un desafío enorme, pero fundamental para iniciar el proceso de sanación. La experiencia nos enseña que la reconexión con una Divinidad amorosa y confiable es un camino transformador hacia la sanación en todos los niveles.

La percepción de Jesús como la única manifestación de lo Divino es otra limitación impuesta por interpretaciones doctrinales, sugiriendo la necesidad de explorar una comprensión más amplia y directa de la Divinidad.

Jesucristo y Cristo Jesús

Existen numerosos malentendidos en torno a las figuras de Jesús, Cristo y Dios. A diferencia de lo que comúnmente se piensa, en el Nuevo Testamento Jesús no es identificado como Dios, sino más bien como Señor. La excepción notable se da cuando el discípulo Tomás lo reconoce diciendo: "Señor mío y Dios mío", tras haber tocado las heridas de Jesús, lo cual, considerando el contexto, es comprensible.

En la era bíblica, la distinción entre ambos términos era clara, algo que en la actualidad suele confundirse. El término Señor, en minúscula, se traduce al hebreo como Adonai, mientras que SEÑOR, en mayúsculas, se refiere a Yahvé. Adonai simboliza un nombre y faceta de Dios situado en la Sefirá en Mailjut del mundo divino de Azilut. Por lo tanto, Jesús podría ser considerado una manifestación de Dios, un guardián, pero nunca su totalidad.

Dicha Sefirá también corresponde al Tiféret de Beriah y al Kéter de Yesirah, y es representativa del chacra de la corona. No es coincidencia que Kéter también signifique corona, simbolizando una corona vacía por donde fluye lo divino hacia la creación. Jesús encarnó esta presencia divina en su vida terrenal, y su llamado a seguirle busca inspirarnos a alcanzar ese mismo nivel de conciencia. Es importante destacar que Jesús no demandó adoración, sino seguimiento. San Pablo, por su parte, insta a la adoración, pero hacia Cristo Jesús, no a Jesucristo, lo cual tiene un significado profundo. Cristo Jesús representa la Conciencia Crística, que se manifestó en Jesús pero ha existido desde el inicio de los tiempos y continúa presente sin él. Jesucristo es el ser humano que personificó esa conciencia como un modelo a seguir.

La diferencia, aunque sutil, es crucial. Como bien señala el Padre Richard Rohr, franciscano de renombre, "Cristo no es el apellido de Jesús".

Jesús, en su calidad de Cristo, nos ofreció un punto de conexión humano con lo divino. La creencia en la divinidad de Jesús no es lo fundamental. Cristo forma parte de la Trinidad como uno de sus tres aspectos, junto a la Fuente y el Espíritu Santo, haciéndolo inapropiado referirse a Jesús, por sí solo, como "Dios".

Según la Cábala, Adam Kadmon es el Cristo Cósmico, la manifestación divina que puede materializarse en cualquier momento y lugar. El Evangelio según Juan, que retrata el mundo divino de Azilut y contiene los emblemáticos discursos "Yo Soy", muestra a Jesús hablando como la voz del Cristo Cósmico, no como un ser meramente humano. Al decir "Yo Soy el camino, la verdad y la vida", revela que este estado de conciencia crística es esencial para nuestro tránsito hacia Azilut. Cristo trasciende la figura de Jesús, impregnándose en la humanidad y en toda la creación, sin limitarse a una sola religión. Este conocimiento es transformador.

Comprender que Cristo representa el máximo potencial humano clarifica su omnipresencia en el aire que respiramos y en los alimentos que consumimos. Al comulgar, reconocemos y nos unimos al sagrado ser del Cristo Cósmico.

La Cábala nos enseña que nuestro objetivo es alcanzar la perfección, encarnar a Cristo. Este proceso puede extenderse por eones, pero es un destino asegurado para todos. Nadie será olvidado, y si bien el camino puede ser largo, con millones aspirando a la cristificación, incluso por el último, "Fred", Dios esperará pacientemente a que cada uno elija por sí mismo este sendero.

Hemos profundizado en las dos tríadas intelectuales laterales que pueden obstaculizar nuestra conexión con lo Divino, sin embargo, es crucial enfocarnos en la cometa superior del Árbol de la Vida para redescubrir nuestra relación con Dios. Esta cometa se compone de dos tríadas: la Tríada, que incluye a Kéter, Jojmá y Biná (divinidad, inspiración, entendimiento), y la tríada espiritual de Biná, Jojmá, Tiféret (entendimiento, inspiración, verdad).

La Tríada Supernal nos presenta la primera manifestación de la Trinidad, actuando como el origen de una Gracia perpetua donde Dios la Unidad (Kéter), Dios el Padre (Jojmá) y Dios la Madre (Biná) se entrelazan en la danza creativa del universo. La interacción fluida entre ellos, donde cada uno recibe y otorga en perfecta armonía, subraya que Dios se conforma por la unión de estos tres aspectos, nunca por uno aislado.

La existencia de tres mandamientos sobre nuestra relación con Dios resalta cómo cada uno se complementa con los otros, evidenciando la naturaleza dinámica y fluida de la Trinidad. Esta puede manifestarse como Padre, Madre, Espíritu, o incluso como Fuente, Cristo, Espíritu, entre otros nombres que buscan describir este concepto inefable. Representa el fluir, el movimiento, una expresión de la no-dualidad, un gran Afirmativo Cósmico.

Al observar esta tríada a través de la metáfora de la Escalera de Jacob, se ve que Kéter actúa simultáneamente como Tiféret en el plano espiritual de Beriah y como Mailjut en el divino Azilut, evidenciando su naturaleza multifacética a través de diferentes niveles de existencia.

La interacción con la tríada inferior se relaciona directamente con el libre albedrío humano. El intercambio entre estos elementos divinos invita a un cuarto participante en la danza: tú, ubicado en Tiféret. Estás constantemente invitado a este círculo de Gracia, siempre y cuando te permitas ser parte de él. Da'at puede servir como un portal que te integra en esta unión o como una barrera que te aísla.

Si la complejidad de este concepto resulta abrumadora, es esencial recordar que, mediante la meditación, la contemplación o el simple acto de vivir con alegría, nos convertimos en conductores de la Gracia. Al cerrarnos a ella, limitamos nuestra percepción de Dios a una proyección de nuestro propio ser limitado.

El silencio, los símbolos, la poesía, la música, la danza y los sacramentos nos conectan con la Trinidad de manera más efectiva que las palabras, pues su esencia trasciende nuestra comprensión racional. Joseph Campbell, el reconocido mitólogo, dijo: "No podemos concebir a Dios, mucho menos hablar de él".

La concepción de la Trinidad, aunque comúnmente asociada al cristianismo, encuentra resonancia en las escrituras hebreas. Investigaciones sobre el diseño del primer templo revelan la representación de la Trinidad a través del Lugar Santísimo (Kéter), junto con los pilares de Yahvé (Jojmá) y Ashratah/Elohim (Biná).

En la tradición sagrada, la Divina Femenina ocupa el rol de madre y esposa, simbolizando un ciclo eterno de renacimiento y conexión divina. Este concepto trasciende géneros, sugiriendo una perpetua renovación espiritual. En el Libro de Job, las hijas de Job, con nombres que reflejan Las Sefirot de la Tríada Supernal, simbolizan aspectos fundamentales de la divinidad.

La interpretación mística cristiana de la Trinidad, aunque distinta, comparte la belleza de la Tríada Supernal, asignando roles específicos a Kéter, Da'at y Tiféret que reflejan una comprensión profunda de lo divino.

La relación entre la cometa superior del Árbol de la Vida y el signo de Leo subraya el liderazgo divino en la Tierra, advirtiendo contra el peligro del orgullo espiritual. La enseñanza de Jesús sobre la humildad espiritual resalta la importancia de mantener un equilibrio en nuestra búsqueda de la divinidad, evitando la imposición arrogante de la ley.

Capítulo IX - La Imagen Esculpida y el Yo Soy

El Segundo Mandamiento: Jojmá

"No te harás imagen, ni ninguna semejanza de lo que esté en el cielo arriba, ni en la tierra abajo, ni en las aguas debajo de la tierra. No te inclinarás ante ellas ni las servirás; pues yo, el Señor tu Dios, soy un Dios celoso, que castigo la iniquidad de los padres sobre los hijos hasta la tercera y cuarta generación de aquellos que me odian" (Éxodo 20:4).

A lo largo de los siglos, se han realizado ediciones y adiciones al texto bíblico con el fin de clarificar su significado, lo cual representa un desafío al tratar de comprender el mensaje original. Aunque el estudio profundo de los idiomas originales puede revelar cambios en el estilo, para muchos, este análisis resulta complejo.

Jojmá, en hebreo, simboliza inspiración, revelación y sabiduría. Representa la parte creativa e intuitiva de nuestra mente, responsable de la innovación y la comprensión espacial y visual.

La creación de una imagen esculpida, fijada permanentemente, se contrapone a la fluidez de la divinidad. Interpretaciones estrictas prohíben la representación de cualquier ser del cielo o la tierra, pero la naturaleza creativa del ser humano nos impulsa a dibujar, pintar y crear. La restricción radica en no idolatrar estas creaciones humanas como la única representación divina. El arte cristiano, por ejemplo, ha infringido este mandamiento al personificar a Dios y a Jesús de maneras culturalmente sesgadas, demostrando que, aunque el arte puede ser sublime, su teología puede ser cuestionable.

Ir en contra de este mandamiento es negar la inspiración y la sabiduría que Jojmá promueve, la cual se basa en la perpetua actualización de percepciones. Muchas religiones se estancan al adherirse rígidamente a antiguas revelaciones sin permitir su evolución, lo que lleva a una falsa sensación de superioridad moral.

La Cábala insta a la búsqueda personal de conocimiento, en lugar de adherirse ciegamente a dogmas impuestos. El Corán apoya esta idea, enfatizando la importancia de la verificación personal de la información antes de aceptarla. La aceptación acrítica de enseñanzas promueve la intolerancia, el odio y el prejuicio, obstaculizando el crecimiento espiritual y alimentando el ego.

En la práctica espiritual, es común encontrarse con numerosas interpretaciones fijas. La Cábala, por ejemplo, se ha visto envuelta en la creencia de que solo los hombres judíos mayores de 40 años pueden estudiarla, una norma establecida durante la era del autoproclamado mesías Shabbetai Zevi en el siglo XVII.

Todas las religiones pueden caer en la rigidez si se basan en conceptos inamovibles. En la Biblia, las interpretaciones de los textos de San Pablo sobre la homosexualidad en Romanos 1, 1 Corintios 6 y 1 Timoteo 1 son un claro ejemplo. Al analizar el texto original en griego, se observa que Pablo critica la lujuria desmedida, los deseos egoístas, el abuso sexual y la explotación, probablemente refiriéndose a prácticas romanas de sometimiento mediante la violación masculina. No aborda las relaciones monógamas amorosas, aunque sus palabras se han usado para condenar la homosexualidad en general. Curiosamente, también condena el chisme con el mismo rigor, pero esto ha pasado desapercibido. Jesucristo, por su parte, no menciona la homosexualidad.

El término "celoso", traducido del hebreo "kannaw", puede interpretarse como "que juzga" o "es diligente", lo que para los místicos remite a la ley del karma: la severidad con la que juzgamos a otros nos será aplicada, reflejando nuestras acciones hacia nosotros mismos.

En cuanto a la palabra "generación", que no existe en hebreo, los estudiosos suelen considerar que fue añadida para dar coherencia al texto. Los místicos creen que podría referirse a la reencarnación, sugiriendo que las almas cosechan lo que siembran a lo largo de sus vidas.

El término "de los que me odian" surge de una interpretación errónea. La versión considerada definitiva de la Torá y los Profetas indica que se castiga el pecado de los padres en sus descendientes hasta la tercera y cuarta generación de aquellos que se oponen a lo divino. Esto se interpreta como que los hijos que perpetúan los errores de sus progenitores, aun sabiendo que son incorrectos, incurren en una falta mayor, pues normalizan tales conductas como parte de su "cultura", instaurando un nuevo conjunto de valores. Sin embargo, en el judaísmo, un niño no es culpable de pecados que desconoce, por lo que este mandamiento no contraviene el principio de que no se castigan los pecados no cometidos.

Otra posible interpretación del término hebreo "sawney" es "rechazar" o "distanciarse", lo que sugiere que alejarnos de lo divino nos predispone a sufrir las consecuencias del karma. Este concepto se entiende más como un ciclo de acción y reacción que como un castigo directo por malas acciones previas.

A menudo, desconocemos los patrones, saludables o no, que regentan nuestra vida, ya que estos pueden estar codificados en nuestra genética. La idea de "soltar y dejar a Dios" nos resulta aterradora porque desconocemos qué estamos dejando atrás, y no todos conciben a Dios como una entidad que reemplaza nuestros miedos con paz, felicidad o salud.

Solo al hacernos conscientes de estos patrones fijos podemos modificarlos.

La entrega de los Diez "Consejos", grabados en piedra, parece contradecir la advertencia contra las imágenes fijas. Esto invita a quienes buscan profundizar en su fe a entender que la verdadera conexión con lo divino trasciende las leyes fijas, acercándonos a una comprensión del amor que se renueva constantemente.

El Tercer Mandamiento: Biná

"El nombre del Señor tu Dios no lo usarás en vano, pues el Señor no dejará sin castigo a quien use su nombre en vano" (Éxodo 20:7).

Una interpretación más acertada de la palabra hebrea "naqah", que tradicionalmente se ha entendido como "sin culpa", sería "limpio" o "puro".

Biná representa la sefira del entendimiento, enfocándose no en la mera distribución de información, sino en una comprensión profunda y meditativa de los significados profundos. Asociada con el hemisferio izquierdo del cerebro, Biná se encarga de nuestra capacidad racional, lógica y objetiva, incluyendo el manejo del lenguaje y la lógica. Esta sefira es el fundamento del entendimiento, permitiéndonos observar, discernir y comprender de manera profunda. También se relaciona con la imposición de límites claros y definidos. Sin embargo, cuando privilegiamos el estar en lo correcto por encima de nuestra felicidad, corremos el riesgo de dejar que el intelecto y las reglas dominen sobre nuestro ser esencial.

Este mandamiento hace alusión al Nombre Supremo revelado a Moisés en Éxodo 3:13-15, conocido como "Yo Soy el que Soy" o "Seré el que Seré", refiriéndose tanto a la dimensión trascendente de Dios, el Absoluto Todo, como a su aspecto inmanente, es decir, la divinidad que reside dentro de nosotros. Como hijos de lo Divino, somos cocreadores con el Uno, lo que significa que al pronunciar "Yo Soy", estamos invocando una fuerza poderosa.

La declaración central de fe en el judaísmo, "Escucha, Israel, el Señor nuestro Dios, el Señor es Uno" (Deuteronomio 6:4), subraya esta verdad. Aunque pueda requerir un acto de fe alcanzar esta comprensión, implica que todo lo que aparenta ser separado en realidad es parte del Uno, de la misma manera que una gota es parte del océano. Así, una gota envenenada o una que contenga alegría tiene el potencial de afectar al océano entero.

Los siete pronunciamientos clave de Jesús en el Evangelio de Juan, incluido "Yo soy el camino, la verdad y la vida" (Juan 14:6), reflejan este concepto de un gran "Yo Soy" unificado. Jesús utiliza la expresión "Yo soy, yo soy" al inicio de cada declaración, aunque esto raramente se traduce directamente del griego. Estas palabras, "ego eimi", aluden tanto a lo trascendente como a lo inmanente, invocando lo Divino interno, algo que todos podemos hacer. Jesús no sugiere que el acceso a Dios sea exclusivo a través de él; más bien, destaca el poder de lo Divino manifestándose a través de un individuo que alcanza este nivel de conciencia, la Conciencia Crística. El acceso a Azilut, representado por Kéter (que simboliza a Cristo), está abierto a todos, independientemente de su conocimiento o veneración por Jesús de Nazaret.

Por lo tanto, usar en vano el Nombre supremo de Dios no se limita a la blasfemia como en exclamaciones triviales, sino al uso indebido de las expresiones "Yo Soy" o "Yo Seré". Declarar "soy estúpido; soy indigno; no valgo nada" o "no lograré nada" constituye un mal uso del nombre divino, pues cada ser humano es una encarnación de la chispa divina, y nuestras palabras tienen el poder de ordenar al Universo, impactando nuestra vida y la del cosmos.

Las afirmaciones positivas, especialmente aquellas que comienzan con "Yo soy", son por ello potentes. Sin embargo, el uso afirmativo de "Yo Soy" también puede tener un lado negativo si se emplea para excluir a otros. Al declarar "soy cristiano", "soy ateo", "soy ecologista", "soy vegano", nos posicionamos en un lugar de superioridad, excluyendo a quienes no comparten nuestras etiquetas. La diversidad, evidente en las especies y en los seres

humanos, muestra que a lo Divino le interesa la variedad, no la uniformidad. Una Biná negativa rechaza esta diversidad.

Además, este mandamiento nos advierte contra invocar el nombre de Dios para propósitos frívolos o vanidosos, o para justificar acciones que no son beneficiosas para uno mismo o para los demás. El término hebreo "nacah", que significa "tomar", también puede interpretarse como "levantar", indicando que no se debe alzar el nombre de Dios para fines deshonestos o triviales.

Asistir a lugares de culto solo por apariencias o recitar oraciones de forma mecánica, sin abrirse a la Gracia, es una forma de desvirtuar el nombre divino. Del mismo modo, cometer actos malvados o causar daño en nombre de una supuesta justicia divina viola este mandamiento, haciendo que cualquier texto sagrado que promueva el genocidio, la guerra santa o la destrucción en nombre de Dios sea un claro ejemplo de transgresión.

Cuando una de Las Sefirot laterales está incompleta, obstruida o dañada, y su contraparte opera sin restricciones, puede provocar un desequilibrio significativo. Si ambas sefirot están afectadas, es probable que impidan el flujo adecuado de energía a través de la columna central de la conciencia, obstaculizando nuestra habilidad para recibir la Gracia divina. Este equilibrio entre Las Sefirot es crucial para el desarrollo espiritual, ya que permite la armonía entre la revelación de nuevas verdades y la eliminación de aquellas percepciones que limitan nuestro crecimiento.

Capítulo X - Sanando Nuestra Conexión Con Lo Divino

La Plegaria de la Gracia

Este método invoca la energía curativa de la Gracia en nuestra mente y cuerpo, abriéndonos a una realidad mucho más amplia y benevolente que nuestras propias nociones religiosas.

Comienza formando el Árbol de la Vida con tu cuerpo.

Mailjut. De pie, con los pies un poco apartados, inclínate hacia adelante como si quisieras tocar tus pies. Relájate y permite que tu torso se suelte. Si llegas hasta las rodillas, está bien.

Yesod. Párate cómodamente con las manos unidas justo debajo del abdomen, en la zona gonadal.

Hod. Apóyate en tu pie izquierdo, sosteniendo el peso en él.

Netsaj. Inclínate hacia el pie derecho, manteniendo allí tu peso.

Tiféret. Permanece erguido con las manos juntas al nivel del plexo solar.

Geburá. Extiende tu brazo izquierdo al nivel del hombro, palma hacia abajo, manteniendo la mano derecha en el plexo solar.

Jesed. Alarga el brazo derecho al mismo nivel, palma hacia abajo, conservando la posición del brazo izquierdo en Geburá.

Da'at. Eleva la mirada y gira las palmas hacia el cielo.

Biná. Eleva el brazo izquierdo a un ángulo de 45 grados, manteniendo el derecho en Jesed.

Jojmá. Sube el brazo derecho al mismo ángulo, dejando el izquierdo en Biná, formando así un recipiente.

Kéter. Une las manos en posición de plegaria sobre la cabeza.

Luego, puedes optar por recitar la Plegaria de la Gracia mientras realizas los movimientos en orden inverso a lo largo del Árbol, o simplemente puedes bajar las manos sobre la cabeza como colocándote una corona y, luego, descender hasta Tiféret, de nuevo en posición de oración, y pronunciar las palabras en esa postura.

Descendiendo por el Árbol mediante la luz

Inicia con las manos en posición de Kéter, mirando al cielo.

Jojmá. Desplaza el brazo derecho hacia abajo, dejando el izquierdo en Kéter.

Biná. Baja el brazo izquierdo, mientras el derecho permanece en Jojmá.

Da'at. Inclina tu vista al frente. Algunas personas prefieren unir las manos a la altura del chacra de la garganta.

Jesed. Desciende el brazo derecho a nivel de la cabeza, palma hacia arriba.

Geburá. Lleva el brazo izquierdo hacia abajo, dejando el derecho en Jesed, palma arriba.

Tiféret. Une los brazos en el centro del plexo solar.

Netsaj. Bascula el peso hacia el pie derecho, manteniendo las manos en Tiféret.

Hod. Cambia el apoyo al pie izquierdo, sin mover las manos de Tiféret.

Yesod. Desliza las manos justo debajo del abdomen.

Mailjut. Flexiona el cuerpo desde las caderas para relajar y enraizar.

Palabras:

De Ti emana toda Gracia.

Gracia para conectar,

Gracia para la inspiración y el entendimiento,

Gracia para el discernimiento,

Gracia para el conocimiento,

Gracia para la bondad y el amor,

Gracia para la valentía y la claridad,

Gracia para la verdad y la armonía,

Gracia para actuar con decisión,

Gracia para pensar con nitidez,

Gracia para establecer una base sólida y adaptable,

Gracia para cultivar salud y prosperidad en mí, en mi entorno y hacia el mundo.

Descenso por la Columna Central del Árbol

Desliza tus manos comenzando en Kéter, descendiendo por Da'at hasta Tiféret, y de ahí hacia Yesod y finalmente Mailjut.

Palabras:

"De Ti Proviene Toda Gracia".

Gracia para el Vínculo,

Gracia para el Conocimiento Profundo,

Gracia para la Verdad y la Hermosura,

Gracia para cimentar una base sólida y adaptable,

Gracia para materializar bienestar y prosperidad en mí, en mi entorno y desde mí hacia el mundo.

Oración Contemplativa

Esta técnica de meditación ha sido practicada por místicos a lo largo de milenios, y fue revitalizada en la conciencia cristiana del siglo XX por el monje estadounidense y sacerdote cisterciense Thomas Keating.

El Padre Keating la llamó "Oración Centrada", la cual se distingue de las prácticas meditativas tradicionales por no solo buscar serenar la mente, sino también por abrirnos a la presencia divina. No se enfoca tanto en rezar, sino en escuchar.

La Oración Centrada se revela como un efectivo método de liberación para las facultades intelectuales, enseñándonos a renunciar al control. Centrar la oración implica sentarse en calma, con cuerpo, corazón y mente alineados hacia dos propósitos: sentir el YO SOY dentro de nuestro propio ser y liberarnos de las imágenes y palabras que lo obstruyen. Al practicar esto, comenzamos a desmantelar los inflados sistemas de creencias y permitimos que la auténtica presencia de lo divino en Kéter habite en nosotros en Tiféret, abriéndonos a la transformación desde lo alto.

Al iniciar la práctica de la oración centrada, descubrimos cuán activas pueden ser nuestras mentes y lo desafiante que es apaciguarlas. Puede que la presencia divina no se manifieste de inmediato, lo cual podría ser desalentador. Es un ejercicio de "esperar en Dios", una disciplina que requiere ser aprendida. La ausencia de resultados inmediatos no significa una negativa divina, sino una apertura del alma más lenta de lo deseado. Si no hemos cultivado regularmente el espacio y la tranquilidad, el alma se resiste a lo nuevo por miedo al daño.

La analogía de alimentar a los pájaros en el jardín ilustra esta dinámica; los pájaros, al igual que el alma, requieren tiempo para confiar y acercarse. Persistir en la práctica diaria de la oración, incluso por breves momentos, facilitará eventualmente una profunda sensación de gracia en nuestro interior.

El P. Keating sugiere dos periodos de práctica diarios de 20 minutos, aunque comenzar con sesiones más cortas puede ser más factible y gradualmente extender la duración. Empezar la práctica por la mañana y añadir una sesión nocturna, incrementando progresivamente el compromiso, puede integrar este hábito satisfactoriamente en nuestra rutina diaria.

La Oración de Gracia complementa la meditación. Imaginar las diez sefirot del Árbol de la Vida al meditar y centrarse en la conexión divina puede enriquecer la experiencia. Comenzar la práctica temprano, posiblemente antes de levantarse, incrementa las probabilidades de éxito, superando la resistencia habitual y las distracciones cotidianas.

El desafío de la oración contemplativa incluye manejar las distracciones e inspiraciones que surgen durante la práctica. Reconocer estas ideas como simultáneamente valiosas y desviantes, permitiéndolas pasar sin aferrarse a ellas, requiere tiempo y dedicación. La constancia en volver a la intención original de calma y conexión divina es clave, incluso en días donde parece no ocurrir nada significativo.

En algunas técnicas de meditación, el uso de un mantra, es decir, una palabra o frase breve que se repite mentalmente, resulta beneficioso para reconectarnos con nuestro ser. No obstante, prácticas como la Oración de Gracia buscan elevarnos constantemente hasta que se convierta en algo natural el contactar con la luminosidad divina y recibir su esplendor.

Con una práctica dedicada y aceptando los momentos de aparente vacío como igual de valiosos que aquellos de revelación, gradualmente nos hacemos capaces de sentir y acoger lo Divino dentro de nosotros, alcanzando una profunda certeza de nuestra comunión con Dios.

Es interesante observar cómo, en este punto crucial, aspectos como el superego, el ideal del superego y el ego inferior tienen la capacidad de distraernos o inventar excusas válidas para interrumpir nuestra contemplación, justo cuando empezamos a progresar. Si esto sucede, no es motivo de autorreproche; por el contrario, indica que la práctica estaba comenzando a surtir efecto. Una resistencia tan intensa es un indicativo de éxito. Al retomar el proceso, se inician transformaciones profundamente positivas.

Perseverar en la práctica nos permite desmantelar y reconfigurar los distintos niveles del ego, debilitar nuestras tríadas laterales y vivir desde Tiféret, nuestro auténtico ser, en constante apertura a una divinidad que reconocemos como amor. Así, iniciamos nuestro cambio.

El ego, junto con el superego y el ideal del superego, se extingue con la muerte física, generando temor a perder nuestra identidad. La contemplación nos arraiga en nuestro ser verdadero, donde prevalece el amor, sin ofensas ni culpas.

Trabajando como capellán en un hospicio, se ha presenciado cómo el proceso de muerte desafía y finalmente libera las convicciones y pensamientos egoístas. Una muerte pausada actúa como una "ego-ectomía"; si nos identificamos con nuestro ego, el proceso puede ser doloroso. Centrados en nuestro ser real, la transición hacia la muerte se muestra como una experiencia enriquecedora, llena de visiones y encuentros espirituales, compasión y perdón, revelando la insignificancia de nuestras preocupaciones mundanas ante la magnitud del espíritu.

Conscientes de que nos acercamos a la muerte día a día, es esencial vivir nuestra espiritualidad como si de ello dependieran nuestras vidas y nuestra percepción positiva de la muerte. Al trabajar en la liberación del ego, no solo experimentaremos a Dios como la máxima bendición y fuerza creativa, sino que también viviremos y moriremos con alegría.

Estableciendo un Espacio Sagrado para la Divinidad

En la búsqueda espiritual, numerosas personas se comunican con entidades guía, seres espirituales que ofrecen consejo y dirección. Sin embargo, puede surgir escepticismo sobre la autenticidad de estas interacciones, preocupando aún más cuando la certeza sobre estos guías se vuelve inquebrantable, especialmente si se les considera figuras de autoridad cuya instrucción se espera que otros sigan. Esta situación a menudo refleja más una influencia del ego que una conexión genuina.

Una estrategia sencilla pero poderosa para facilitar la recepción de conocimiento divino consiste en visualizar un guía animal en vez de uno humano. Esta representación puede ser especialmente reconfortante para aquellos que han enfrentado temores relacionados con concepciones punitivas de lo divino. Optar por un animal de presa, como un caballo o un ciervo, podría resultar menos intimidante que uno depredador, evitando así las proyecciones de agresividad que nuestro ego podría atribuir a figuras más dominantes. Los aficionados a los caninos, por ejemplo, pueden hallar consuelo en la imagen de un perro leal.

Contrario a lo que podría parecer, la idea de un animal como compañero imaginario que te ofrece apoyo y amor incondicional puede abrir un canal espiritual para que la Danza Divina se manifieste de manera aceptable. Imagina sus características físicas, nombra a tu animal guía y presta atención a detalles como su aroma, el cual puede ser un indicador de su presencia.

Un ejemplo literario de esta práctica se encuentra en "The Nothing Girl" de Jodi Taylor, donde un caballo espiritual llamado Thomas juega un papel crucial en el apoyo emocional de la protagonista.

Para quienes prefieran la guía de un ser humano, el proceso de visualización similar aplica: elige a un personaje, real o ficticio, como mentor espiritual, evitando figuras bélicas para favorecer un enfoque más suave y curativo hacia lo divino. Aun así, la conexión con un guía animal suele percibirse como más fiable.

En momentos de incertidumbre o excesiva confianza, consulta a tu guía animal sin reinterpretar su mensaje, pues esto podría ser interferencia de tu ego. Aunque no es obligatorio seguir sus consejos, con el tiempo se revelará la claridad y pertinencia de sus mensajes.

Si la visualización no es tu fuerte, considera la posibilidad de una voz atractiva como medio de comunicación divina.

Es recomendable mantener estas experiencias en privacidad, no solo para evitar el escarnio, sino porque lo "secreto" comparte raíz con "sagrado", buscando así crear un vínculo único y especial contigo y lo divino.

Desarrollando tu Interpretación del Mundo

Hermenéutica es un término de origen griego que refiere a la manera en la que interpretamos el entorno y todo lo que nos rodea. Este concepto es fundamentalmente utilizado en el ámbito de la enseñanza y la escritura sobre temas religiosos, ayudando a los estudiantes a identificar posibles prejuicios u opiniones que podrían influir en la interpretación de los contenidos.

La interpretación personal del mundo puede abarcar una amplia gama de creencias, tales como la crítica hacia la industria farmacéutica, la inclinación hacia el socialismo, la percepción negativa del dinero, el rechazo al comunismo, la desconfianza hacia los políticos, la visión de la religión como herramienta de control, juicios sobre la familia, dietas específicas, sentimientos de inadecuación o desamor. Estas creencias, sean positivas o negativas, pueden dominarnos si no somos conscientes de ellas, obstruyendo nuestra capacidad para ver las cosas de manera objetiva y sin apasionamientos.

La interpretación que tenemos de Dios juega un rol crucial en este espectro de creencias. Si se sostiene que "Dios es cruel" o se alberga resentimiento hacia Dios, esto nos afecta negativamente, no por un castigo divino, sino porque tal percepción nos cierra a la posibilidad de experimentar la Gracia y los milagros. Este tipo de bloqueo no es un castigo de Dios, sino un obstáculo autoimpuesto. Es igualmente importante reconocer interpretaciones como "Dios es malo; la Fuente/Espíritu es bueno", ya que esto indica conflicto con la religión de nuestra crianza o educación, manteniendo un bloqueo hacia la Gracia.

En el núcleo de nuestras interpretaciones personales yace una creencia fundamental, a menudo denominada La Mentira Primordial, tal como "No soy lo suficientemente bueno" o "No soy digno de ser amado". Estas son falsedades que generalmente proyectamos sobre nuestra concepción de lo divino, ejerciendo una influencia significativa y a menudo exacerbando los conflictos emocionales, creando vulnerabilidades en nuestro campo áurico que otros, mayormente de forma inconsciente, pueden explotar. Una Mentira Primordial arraigada es una fuente común de depresión y puede manifestarse como un deseo subyacente de autodestrucción.

Reconocer esta Mentira Primordial es esencial, ya que la concienciación de nuestras creencias subyacentes reduce su influencia sobre nosotros. Basado en diversas experiencias, se ha demostrado que el proceso de hacer conscientes estas falsedades inicia su disolución.

Creando un Espacio de Conexión Espiritual

Un altar puede trascender lo puramente religioso para convertirse en un foco de atracción espiritual tanto para ti como para lo divino, a lo que me gusta referirme como "puntos de aterrizaje para ángeles". Establecer un rincón en tu habitación con imágenes y objetos que te resulten bellos y cargados de significado te motivará a conectarte con lo Divino.

En tu espacio sagrado podrías mantener cosas como:

- Flores frescas.

- Cuatro velas, utilizadas en ceremonias especiales.

- Una escultura de madera de olivo representando a María, José y Jesús.

- Una figura de bronce de una liebre.

- Representaciones de Isis y Sekhmet.

- Plumas.

- Un yod hecho a mano, un instrumento dedicado a la enseñanza.

Este espacio es dinámico, añadiendo o retirando elementos según el cambio de las estaciones y los diferentes actos ceremoniales que llevo a cabo. Decorando la pared detrás del altar, se encuentran un Árbol de la Vida y una Escalera de Jacob pintados a mano, un grabado de La Anunciación por Henry Ossawa Tanner, varios iconos y un retrato a lápiz de Jesús riendo y jugando con niños, obra de Jean Keaton.

La creación y cuidado de tu propio altar se convierte en una experiencia profundamente gratificante. Es importante mantenerlo libre de objetos cotidianos como tazas de café o papeles para preservar su santidad y permitir que irradie lo sagrado.

Si no dispones de un espacio propio en casa, puedes optar por crear una caja de tesoros espirituales. Una simple caja de zapatos puede servir, llenándola con objetos que te recuerden a tu esencia espiritual en esta experiencia terrenal.

Visualiza a la Madre Divina

Nuestros conflictos con la divinidad suelen originarse en la imagen de un Dios patriarcal y severo que nos observa desde lo alto. Resulta enriquecedor rodearse de representaciones de la Divinidad Femenina, como Kuan Yin, alguna de las figuras marianas de la Biblia, o Isis. En un momento de enfermedad, cuando se percibió un temor profundo hacia la figura divina arraigado desde la infancia, se optó por colocar una imagen de la Virgen María con los brazos abiertos, sobre la cual se superpuso una fotografía personal de la infancia. La composición evocaba la sensación de estar siendo acogido por los brazos de María.

Las imágenes que nos rodean ejercen una influencia significativa, marcando nuestro cerebro incluso de manera subconsciente con su simbolismo. Por ello, es recomendable examinar las fotografías en nuestro entorno, asegurándose de que reflejen nuestros deseos y aspiraciones. Imágenes que evocan conflictos o escasez no facilitarán la conexión mental con la serenidad y la prosperidad. Del mismo modo, las representaciones de figuras solitarias difícilmente atraerán compañía.

Afirmaciones

Descubrir una afirmación que facilite la claridad en nuestra relación con la divinidad puede ser un desafío considerable. Se recomienda la afirmación "suelto y dejo a Dios" para explorar las reacciones que provoca. Si esta noción de Dios genera temor o inquietud, es indicativo de una resistencia interna hacia el Amor Divino. Una excelente alternativa sería: "Ahora estoy abierto y receptivo a todo el amor y la bondad que el Universo tiene para ofrecerme".

La repetición constante de una afirmación es crucial para forjar nuevas conexiones neuronales en el cerebro. La falta de compromiso en este ejercicio impide experimentar sus beneficios. Practicar una afirmación 100 veces al despertar y otras 100 veces antes de dormir constituye un método efectivo para comenzar a observar cambios positivos en pocas semanas, a veces incluso de manera casi inmediata. Sin embargo, es esencial mantener la práctica para asegurar la permanencia de estos beneficios.

Las afirmaciones "Yo Soy" son particularmente potentes debido a su conexión directa con lo divino. Aquí se presentan algunas opciones a considerar:

- Soy amor y soy amado.

- El Amor Divino se establece y mantiene ahora en mí y en mi mundo.

- Estoy bendecido y en conexión.

- Yo Soy el camino, la verdad y la vida. (Esta afirmación es extraordinariamente poderosa, destinada a atraer la conciencia de Cristo hacia nosotros, no a enfatizar una separación).

Utilizar un rosario como herramienta para realizar 100 afirmaciones puede simplificar el proceso, evitando la necesidad de contar. Si el rosario evoca reacciones negativas por asociaciones previas, esto puede señalar la presencia de creencias obsoletas que limitan el bienestar. La decisión de transformar estos objetos en instrumentos de sanación personal refleja una elección consciente hacia la felicidad presente.

Es posible usar cualquier tipo de collar de cuentas para este fin. En caso de que el rosario incluya un crucifijo y se prefiera sin él, es completamente aceptable modificarlo. Este acto de "rebelión" no es ofensivo; al contrario, puede ser liberador, redefiniendo el rosario como un objeto de poder personal, similar a un amuleto de la buena suerte. La eficacia reside en la fe que depositamos en él, más allá de su forma física, liberándonos de patrones antiguos que obstaculizan nuestro bienestar.

El Principio Del Diezmo Temporal

Este concepto se aleja completamente de la idea de donar el 10% de tus ingresos a tu iglesia o a obras de caridad. En realidad, nos orienta primero a ofrecer a lo Divino (a través de las personas o cosas que nos motivan), después a celebrar la vida, y solo en última instancia a contribuir con los demás.

Los niveles de diezmo según las Escrituras son:

- Diezmo Espiritual (Levítico 27:30)

- Diezmo de Celebración (Deuteronomio 12:6, 17-18; 14:22-27)

- Diezmo de Caridad (Deuteronomio 14:28; 26:12)

El diezmo, en su esencia, promueve una conexión más profunda con lo Divino al priorizar la búsqueda de inspiración, seguida por la celebración y el disfrute personal antes de cualquier otra actividad en la vida. Esta práctica desafía directamente la lógica de los tres niveles del ego, que usualmente nos impulsan a anteponer las necesidades ajenas a las propias.

Para enfocarte en la sanación, sigue estos pasos:

Inicia cada día, y cada nuevo segmento del día, enumerando diez aspectos de tu vida por los cuales te sientas agradecido. Luego, permítete un pequeño placer, que puede variar desde disfrutar de una taza de té hasta saborear un trozo de chocolate o realizar alguna actividad divertida. Solo después de esto, comienza con tus tareas diarias.

Con el tiempo, aumenta la cifra a 100 agradecimientos cada mañana al despertarte y otros 100 antes de dormir. Es importante distinguir entre gratitud y agradecimiento; la gratitud implica dar gracias, una acción a menudo exigida por cortesía, mientras que el agradecimiento reconoce genuinamente los momentos de felicidad experimentados.

Para facilitar este ejercicio, puedes ayudarte de un rosario para llevar la cuenta de los 100 agradecimientos.

Si te resulta difícil encontrar 100 motivos para estar agradecido, aquí tienes una lista inicial:

- La capacidad de ver

- El colorido de las flores

- Los amaneceres y atardeceres

- La belleza de los árboles

- El rostro de seres queridos

- La sonrisa de alguien

- Observar a tu mascota

- Paisajes naturales impresionantes

- La aparición de un arcoíris

- El cielo despejado

- La oportunidad de leer

- Tus programas y películas preferidas

- Disfrutar de la música y la risa

- Los aromas naturales y cotidianos

- La variedad de sabores que experimentas cada día

- El contacto con diferentes texturas y temperaturas

- Valorar tu cuerpo y tu salud

- Apreciar la amistad y el hogar

- Momentos felices y motivos de risa

- La generosidad y la belleza en la naturaleza y en lo cotidiano

- La tecnología que facilita la vida

- Tus pertenencias más preciadas y las actividades que disfrutas

Este ejercicio te invita a reflexionar sobre las pequeñas grandes alegrías de la vida, fomentando un estado de bienestar y gratitud que nutre el alma.

Superando La Resistencia Interna

Realmente no hay razón válida para no emprender esta práctica, solo existe la resistencia interna. Incluso si encuentras irrelevante la mitad de los ejemplos mencionados, siempre puedes recordar las flores más hermosas que hayas visto, las comidas más deliciosas que hayas probado o los momentos más felices que hayas vivido, sin importar cuánto tiempo haya pasado desde ellos. Una fuerte resistencia a este ejercicio es una señal clara de su necesidad urgente, como un primer paso para sanar las tensiones internas. Es crucial dejar de alimentar tu espíritu y tu ser con negatividad, ni un minuto más.

Purifica Tu Espacio Interior

Revisa y libérate de todas aquellas afirmaciones negativas vinculadas a tu ser, esas que comienzan con "Yo Soy" y que, a menudo, ni siquiera pronunciamos conscientemente. Muchos llevamos décadas acumulando negatividad, especialmente cuando enfrentamos enfermedades graves. Esta acumulación puede ser poderosamente transformada mediante la identificación y el cambio de estos pensamientos. Por ejemplo, frases como "¡Qué tonto soy!" incluyen un "Yo Soy" implícito. Cada vez que te sorprendas con uno, contarréstalo con un reconfortante "Está bien, estoy seguro/a". Este proceso debe ser llevado a cabo con delicadeza, ya que un cambio brusco puede tener efectos contraproducentes. Para profundizar en esta práctica, repetir afirmaciones positivas como "Estoy seguro/a" 100 veces al día puede ser increíblemente efectivo para disolver el miedo inconsciente a un castigo divino.

El Desafío De La Resistencia

Selecciona un tema sobre el cual tengas una opinión fuerte y que consideres incorrecto, como una ideología, un partido político contrario al tuyo, un programa de televisión que rechaces o una religión que te cause desagrado. Investiga en línea a alguien que defienda con conocimiento ese punto de vista contrario y dedica tiempo a escucharlo o leerlo. Después, resume al menos tres de sus argumentos, añadiendo: "Podría no estar de acuerdo, pero acepto que mi perspectiva, podría no tener toda la información".

Adopta El "No Lo Sé"

Admitir "no lo sé" ante situaciones o temas sobre los que no tenemos certeza absoluta es más que un acto de humildad; es una poderosa práctica de sanación personal. Vivimos en un mundo donde la certeza se valora y, a menudo, se espera de nosotros, lo que puede llevarnos a aferrarnos a creencias o ideas con rigidez, incluso cuando carecemos de una comprensión profunda o de evidencia directa. Este apego no solo limita nuestra capacidad de aprender y crecer, sino que también puede generar estrés, conflicto y una sensación de aislamiento cuando nuestras opiniones se enfrentan con las de otros.

Desapegarse de la necesidad de estar siempre en lo correcto abre espacio para la curiosidad, el aprendizaje y la conexión con los demás. Al aceptar la incertidumbre y reconocer nuestras limitaciones, nos volvemos más abiertos y receptivos a nuevas perspectivas y experiencias. Este enfoque puede aliviar la tensión interna que surge de la lucha por defender nuestras creencias y, en su lugar, nos permite abrazar la complejidad del mundo con una mente más tranquila y un corazón más abierto.

Este proceso de liberación del "tener que saber" puede ser profundamente sanador. Nos libera de la presión de tener todas las respuestas, permitiéndonos vivir con mayor autenticidad y presencia. La aceptación del "no lo sé" nos invita a vivir en un estado de constante descubrimiento, donde el aprendizaje y el crecimiento son continuos. Nos enseña a valorar el viaje de la vida, con todas sus incógnitas y misterios, y a encontrar paz en la aceptación de que no todo tiene que ser comprendido o resuelto. Al final, entregarse al "no lo sé" es una práctica de sanación que nos conecta más profundamente con la esencia de nuestra humanidad y con el flujo incesante de la vida.

Contemplación Estelar

La contemplación estelar es una práctica sencilla y profunda que nos invita a reconectar con el cosmos de una manera muy personal y directa. Si tienes la suerte de contar con un espacio al aire libre seguro, como podría ser un jardín, prepárate para una experiencia transformadora simplemente acostándote a mirar las estrellas durante al menos diez minutos en una noche clara. Este acto puede parecer pequeño, pero su impacto en nuestro bienestar emocional y espiritual es inmenso.

Al observar el vasto cielo estrellado, rápidamente nos damos cuenta de nuestra escala en el universo: somos pequeños, casi insignificantes en el gran esquema de las cosas. Sin embargo, lejos de sentirnos aislados o desalentados por esta revelación, la contemplación estelar nos ofrece una profunda sensación de conexión. Nos damos cuenta de que somos parte de algo mucho más grande, un vasto universo lleno de maravillas y misterios. Esta dualidad de sentirse pequeño pero conectado es profundamente liberadora; nos ayuda a poner nuestras preocupaciones diarias en perspectiva, a soltar el estrés y a abrazar un sentido de paz y asombro.

Este momento de quietud bajo el cielo nocturno también es una invitación a reflexionar sobre nuestra existencia y nuestro lugar en el cosmos. Nos recuerda que, a pesar de las dificultades que podamos enfrentar, somos parte de un ciclo cósmico de vida, muerte y renacimiento, conectados con cada estrella, cada planeta y cada ser viviente a través del tiempo y el espacio. La contemplación estelar nos anima a vivir con mayor consciencia, apreciación y humildad, reconociendo la belleza y la fragilidad de la vida.

Por tanto, esta práctica no es solo un acto de observación; es un ejercicio de sanación y un recordatorio de nuestra interconexión con el universo. Nos enseña a valorar el ahora, a vivir con una sensación de maravilla y a buscar nuestro lugar en el vasto tapiz de la existencia. La próxima vez que mires las estrellas, recuerda: eres una pequeña parte de este increíble universo, pero tu capacidad de maravillarte y conectarte con él es ilimitada.

Amar lo Indefinido

Nombrar las cosas nos lleva a imponerles nuestras percepciones y juicios. Una manera de practicar el desapego es adquiriendo una planta o flor desconocida y resistir la tentación de identificarla. O, encuentra algo en la naturaleza que no puedas reconocer y obsérvalo tal como es, sin etiquetas.

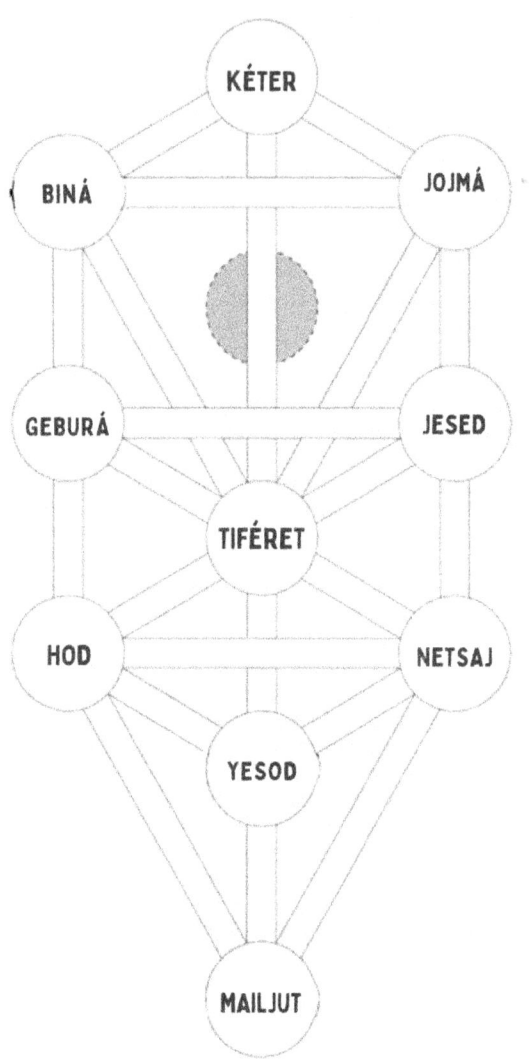

PARTE III - La Relación Con Uno Mismo

Capítulo XI - El Alma

El alma constituye el vínculo esencial que nos conecta con lo divino, con nuestro ser, con los demás y con el entorno que nos rodea. Aunque a menudo se confunde el alma con el corazón, su esencia abarca mucho más, al igual que la mente trasciende la simple existencia del cerebro.

Dentro de la Cábala, el alma se refleja en la tríada compuesta por Tiféret, Geburá y Jesed, que representan la verdad y la belleza, el discernimiento y la bondad amorosa, respectivamente. Esta tríada actúa como el recipiente para el espíritu y la Gracia divina que desciende desde Kéter a través de Da'at, distribuyéndose por nuestra psique y cuerpo, en lo que podría describirse como el encuentro sagrado entre el cielo y la tierra.

Estas tres sefirot conforman la estructura interna de un árbol, siendo comparables con la albura, el duramen y el tronco, por donde fluye la savia vital a través de Da'at.

La existencia de esta tríada se ve flanqueada por otras dos tríadas emocionales que encarnan el dolor y el placer. Es infrecuente encontrar en la adultez almas que se mantengan claras y abiertas, dado que las influencias intelectuales y emocionales laterales suelen estar obstruidas y afectadas negativamente por hábitos y creencias dañinas, oprimiendo así el contenedor de la energía vital indispensable para nuestra salud.

La prioridad se sitúa en la relación con lo Divino antes que en la introspección personal, ya que la distorsión causada por las tríadas laterales a menudo desfigura el alma hasta el punto de pernos en la confusión sobre nuestra verdadera identidad, impidiéndonos discernir adecuadamente a quién o qué amar. Vivimos, entonces, desde una conciencia egocéntrica basada en lo que se nos ha enseñado a ser, en lugar de en nuestra auténtica esencia. Amar desde esta perspectiva distorsionada conlleva sus propios problemas, pues es como enamorarse de un reflejo engañoso.

Es crucial tomar consciencia de la Gracia Divina para que su flujo ininterrumpido nos limpie y permita el inicio de un proceso de autodescubrimiento y recepción de milagros, percepciones y la aceptación de trabajar en nuestro verdadero ser. La meditación y la oración contemplativa silenciarán las voces de nuestra programación interna, facilitando que el aliento sanador del espíritu nos purifique.

Es relevante entender que el alma no se encarga exclusivamente de amar y asistir a los demás de manera individual; esa función recae en nuestra conciencia tribal y familiar, más arraigada en el Árbol de la Vida. El alma engloba tanto nuestro yo individual como nuestro ser eterno, trascendiendo la suma de nuestras vidas y sin ataduras personales. Existen almas jóvenes y almas viejas, siendo estas últimas, en teoría, portadoras de mayor sabiduría, accesible para aquellos comprometidos con encontrar su verdadera esencia en esta vida.

La noción de "alma gemela" suele asociarse erróneamente con el concepto romántico de pareja, cuando en realidad, se refiere a aquellos seres que nos retan a crecer más allá del confort. El alma se enfoca en el panorama global, reconociendo que nuestro amor por nosotros mismos y por lo divino refleja nuestro amor por la humanidad y el planeta. Si esta visión no es clara, lo que consideramos amor tiende a ser egocéntrico.

A veces, negarse a una persona es necesario para cumplir con un propósito superior que beneficie a muchos. En este estado, abarcamos el universo entero. Al morir, ego, personalidad y cuerpo se disipan, pero el alma permanece. Las enseñanzas budistas sobre el bardo sugieren que, al morir, enfrentamos "demonios" que no son sino la personificación de nuestros hábitos y pensamientos negativos. Si el alma es fuerte y clara, los reconoceremos, los liberaremos y ascenderemos a planos superiores; de lo contrario, buscaremos reencarnarnos para huir de nuestra propia experiencia.

Aunque esta no es una lección exclusiva de la Cábala, resuena con su sabiduría al afirmar que el infierno, entendido como un estado de dolor absoluto, solo puede existir en Yesirah, el Mundo de las Formas. La Cábala sostiene que el infierno es experimentado únicamente por almas que desconocen cómo ascender hacia la luz celestial. En esencia, el infierno reside en las tríadas emocionales laterales.

Ahora, exploraremos la esencia del Alma a través de los tres consejos o mandamientos vinculados a sus sefirot correspondientes.

Jesed - Honra El Sabbath Y Santifícalo

Este precepto puede parecer inicialmente centrado en nuestra conexión divina, promoviendo la unión con lo sagrado. Sin embargo, su esencia radica en atraer esa esencia divina hacia nosotros, fortaleciendo nuestro espíritu y voluntad al dedicarnos un día a la semana para cuidarnos, permitiéndonos rendir al máximo el resto de los días.

Jesed encarna la bondad amorosa y la misericordia, simbolizando la Sefirá del corazón compasivo, dispuesto al perdón y la aceptación universal, no solo hacia quienes amamos. Desde este punto, es posible amar a nuestros adversarios y beneficiar a quienes nos desprecian, sin necesidad de que nos agraden. El camino para lograrlo comienza con amar y transformar nuestra propia sombra interna.

Descuidar nuestro bienestar puede llevarnos a un vacío interior o incluso a caer en la hipocresía al intentar aliviar las cargas ajenas sin atender las propias. Un uso inadecuado de Jesed, obviando la columna central de la consciencia, nos desvía hacia una bondad excesiva guiada por el ego, buscando identificarnos como "el bueno" o "el servicial", en vez de inspirar a otros hacia mejores horizontes.

La práctica mística de este mandamiento va más allá de rituales religiosos o estudios de textos sagrados; implica liberarnos de la rutina y las tareas mecánicas que dominan nuestro día a día.

La verdadera experiencia del alma surge en la quietud, cuando mente, corazón y cuerpo se alinean en el presente. Solo entonces podemos tocar la presencia pura, a menudo manifestándose como una sutil alegría interna.

Aprender a dedicar momentos a la quietud nos permite apreciar el presente, fusionando intuición, racionalidad e integridad.

La contemplación, más que la oración o la meditación focalizada, es un ejercicio de plena presencia en el momento actual. Desconectarse de adicciones como internet o los móviles, aunque desafiante, revela nuestras dependencias y fortalece nuestra salud espiritual y mental.

Quienes logran separarse de sus rutinas digitales una vez a la semana tienden a experimentar una mayor sanación y prosperidad, ya que este retiro promueve una comunicación más profunda con nuestro ser y con lo divino.

Dedicar tiempo a la reflexión y al agradecimiento sin negarnos el disfrute es esencial. No obstante, es vital elegir actividades que nutran el alma en lugar de aquellas que nos sumerjan en la violencia o el escapismo. Lo que nutre nuestro verdadero ser y nos relaja es perfecto para el Sabbath, incluyendo actividades que nos recargan energéticamente.

Más allá, se nos invita a pausar antes de hablar o actuar, creando un espacio consciente que permita que la inspiración y el discernimiento guíen nuestras acciones. La presencia consciente antes de comunicarnos o actuar es un acto de amor hacia nosotros mismos y hacia los demás, contribuyendo a nuestra sanidad y humanidad.

Geburá - Honra A Tu Madre Y A Tu Padre

Podrías pensar, "¿Qué relación tiene esto conmigo? Debe referirse a mi relación con mis padres".

En el aspecto exterior, es así. Sin embargo, en un plano interno y místico, todo se vincula con nuestro ser.

Los conflictos familiares se transmiten de generación en generación como un incendio descontrolado, hasta que alguien decide poner fin a ese ciclo en su vida, enfrentando y apagando esas llamas internas. Esa decisión implica aceptar los problemas personales, reconociendo nuestra unidad con todo y comprendiendo que el cambio empieza en uno mismo, sin esperar que otros resuelvan o sean responsables de nuestras dificultades. Este proceso de introspección y aceptación lleva a una curación que beneficia tanto a nuestros ancestros como a futuras generaciones.

Estar en armonía con uno mismo nos hace invulnerables a las influencias externas que podrían desestabilizarnos emocionalmente. Solo nosotros tenemos el control sobre nuestras reacciones. Por tanto, es crucial sanar nuestra relación personal.

Este discernimiento profundo revela que solo cuando Geburá transita del discernimiento y la fuerza al juicio, se relaciona con los demás y no solo con nosotros.

A nivel práctico, este principio nos invita a comprender el origen y las cargas emocionales de nuestros padres, reconociendo que hicieron lo mejor que pudieron con los recursos y conocimientos que tenían. Esto no implica necesariamente mantener una relación con ellos; en ocasiones, distanciarse puede ser beneficioso para ambas partes.

La literatura sobre la dinámica entre padres e hijos, como el trabajo de Ron Smothermon en "The Man Woman Book", profundiza en estas relaciones, mostrando que lo único indispensable es que los padres críen a sus hijos con vida. El resto son expectativas adicionales. Abordar estos textos requiere disciplina (otra faceta de Geburá) y puede revelar prejuicios y creencias sobre nuestros padres que necesitamos sanar.

Juzgar a otros sin entender completamente su situación (una forma negativa de Geburá) nos daña tanto a nosotros como a ellos. Es cierto que pueden haber cometido errores, pero como señala la maestra espiritual Byron Katie, defenderse es iniciar un conflicto. Si respondemos con agresión, perpetuamos el ciclo de violencia.

Es importante reflexionar sobre por qué elegimos a nuestros padres, cuál es nuestra responsabilidad en esta vida y qué lecciones vinimos a aprender. La Cábala, que acepta las ideas de reencarnación y karma, sostiene que las circunstancias de nuestro nacimiento son idóneas para el desarrollo de nuestra alma. Los desafíos familiares forman parte de este viaje. Es nuestra responsabilidad aprovechar estas experiencias para crecer y sanar, demostrando que es posible recuperarse de las situaciones más adversas.

En un nivel más profundo, este consejo nos invita a valorar los aspectos masculinos y femeninos dentro de nosotros mismos, así como a reconocer la presencia de lo Divino en ambas esencias en todo lo existente.

Somos una combinación de energías masculinas y femeninas, independientemente de nuestro género, y es crucial mantener un equilibrio entre ambas para enfrentar un mundo dominado por desequilibrios, impulsado por el ego colectivo de la sociedad. En el plano del alma, nuestro género físico es irrelevante; lo que importa es nuestra habilidad para equilibrar el dar y recibir, la acción y la reflexión, la creatividad y el cuidado.

Es esencial honrar las dimensiones masculinas y femeninas de lo Divino, más allá de lo que dicten las creencias ortodoxas. La pérdida del aspecto Divino Femenino ha llevado a muchas religiones hacia el fundamentalismo. Lo femenino representa la tradición interior, esotérica y contemplativa, proporcionando un contrapeso necesario a la tradición exotérica, ritualista y activa, que es lo único que la personalidad yesódica puede comprender. Reconocer y sanar nuestra oscuridad interna exige un profundo autoexamen y el compromiso de abrazar tanto a nuestra Madre como a nuestro Padre Espiritual, emprendiendo así una de las mayores búsquedas de la vida, similar a la del Santo Grial. Lo Divino Femenino, aunque no siempre visible o directo, se encuentra oculto en todos los textos religiosos, esperando ser descubierto por aquellos dispuestos a buscar más allá de la superficie.

El renacimiento de la figura de María Magdalena en la espiritualidad contemporánea y su prominencia en la ficción y textos como el Evangelio de María Magdalena ilustran el retorno del Divino Femenino a la conciencia colectiva. Su comportamiento durante la crucifixión simboliza la esencia del Divino Femenino: sin luchar, quejarse ni protestar, simplemente cumpliendo con su deber sagrado, siendo las mujeres las primeras en recibir la noticia de la resurrección.

El judaísmo del Primer Templo veneraba tanto lo sagrado masculino como femenino. Tras su destrucción y la adopción de prácticas más patriarcales, lo Divino Femenino continuó vivo en el corazón y la mente de los creyentes, como refleja el lamento en Jeremías 44:18 por haber dejado de honrar a la reina de los cielos.

En el islam, la Fatiha recuerda diariamente a los fieles que Alá, denominado "Al Rahmin" —palabra derivada de "vientre" o "matriz"—, encarna tanto aspectos masculinos como femeninos. María, madre de Jesús, se presenta como un puente entre Alá y la humanidad, personificando la misericordia, el perdón y el amor divino por la creación.

Frente a críticas sobre el trato a las mujeres en la religión, es importante recordar que el núcleo de la fe trasciende las prácticas externas. En el judaísmo, por ejemplo, es la mujer quien introduce la luz del Sabbat en el hogar cada viernes, simbolizando la conexión con lo divino más allá de cualquier ceremonia posterior. Ella se convierte en la novia del Sabbat, canalizando la gracia divina, lo cual posee una importancia fundamental.

Tiféret - No Matarás

La palabra hebrea "ratsach", comúnmente traducida como "matar", alude específicamente al acto intencionado de aniquilar a un ser humano. Esto, en Tiféret, donde nuestra relación con nosotros mismos converge con la que mantenemos con los demás, señala un hecho alarmante: aquel que intenta destruir a otro comete, en esencia, un asesinato psicológico contra sí mismo.

Tiféret se traduce como verdad y belleza. Sin belleza, no hay verdad completa; sin verdad, no hay auténtica belleza. Este principio desafía las nociones convencionales de belleza, a menudo confundidas con el glamour. La verdadera belleza reside en la autenticidad y la profundidad, visible incluso en las circunstancias más sombrías, como el amor entre personas en tiempos de crisis. Lo verdaderamente bello está alineado con la Verdad Última.

La percepción contemporánea de la belleza, frecuentemente asociada con el embellecimiento artificial a través del maquillaje, bótox o cirugías, no refleja la esencia de la belleza auténtica. Estas prácticas, aunque no intrínsecamente negativas, a menudo ocultan las verdaderas marcas de la experiencia vital, que son las que realmente embellecen.

La auténtica belleza emana del interior, manifestándose en las grandes verdades que inspiran asombro y admiración. La experiencia de una buena muerte, por ejemplo, es un momento Tiféret, lleno de verdad y belleza, no solo para el que parte sino para quienes lo acompañan.

Autoaniquilarse es permitir que las dinámicas destructivas internas socaven Tiféret, obstruyendo el acceso a la Verdad Última y la capacidad de apreciar la belleza en lo que intelectualmente juzgamos como adverso. Constituye un suicidio psicológico aceptar la infelicidad como algo normal o inevitable, tolerar situaciones dañinas, renunciar al esfuerzo por mejorar, autoculparse o negarse al perdón. Es destructivo vivir bajo una identidad impuesta en lugar de descubrir quiénes somos realmente, descartar nuestras aspiraciones o las de otros. Quien menoscaba los sueños ajenos ya ha renunciado a los propios.

La guerra, en cualquiera de sus formas, es un acto de suicidio, ya que, en última instancia, toda confrontación es contra uno mismo. Lanzarse a la autodestrucción por creencias de indignidad es la más devastadora de las acciones, causando daños irreparables a nuestro ser.

El Deseo De Morir

La idea del suicidio emerge como la manifestación del anhelo de fallecer presente en numerosas personas que enfrentan enfermedades de gravedad, como el cáncer. Este deseo de morir se construye a lo largo de años, albergando sentimientos profundos de que la existencia es excesivamente ardua, que es inútil esforzarse, y que las esperanzas, deseos, o metas personales se han visto truncadas o son demasiado complejas para lograr. Asimismo, puede surgir cuando los sueños o aspiraciones no fueron considerados debido a una vida dedicada enteramente a otros, quienes ahora han partido y ya no requieren de los cuidados brindados.

Formarse un deseo de morir lleva tiempo y suele estar tan escondido que quien lo experimenta lo negaría enfáticamente. Se requieren meses para identificarlo, y al hacerlo, es posible descubrir niveles alarmantes de rencor, envidia y odio ocultos en lo más recóndito de nuestra psique.

A menudo, recibir un diagnóstico nos hace conscientes de lo peculiar, verdadero y bello que es vivir, lo que nos lleva a cambiar nuestras actitudes y prácticas, independientemente de si se opta o no por la medicina tradicional. Un momento clave en el proceso de recuperación puede ser tan simple como apreciar los pequeños detalles de la vida, lo que lleva a una aceptación genuina y a la disolución del deseo de morir, dando paso a un renovado anhelo de vivir.

En breve, los medios para sanar se hacen accesibles, permitiendo que el cuerpo inicie su recuperación. Con esta auténtica aceptación, ya no es necesario albergar ira y resentimiento, facilitando el inicio de un proceso de transformación hacia la felicidad.

Cabe mencionar que desear la muerte no es necesariamente negativo. A veces, simplemente indica que ha llegado el momento de partir. En tal caso, la persona lo comprende y su deseo de morir se disipa paulatinamente. No obstante, este deseo suele ser el resultado de acumular energía negativa hasta que el alma reconoce que, de no haber un cambio, no lograremos cumplir con nuestro propósito en esta vida, ofreciéndonos la oportunidad de modificar nuestra ruta o partir y volver a intentarlo más adelante. Idealmente, los niveles de sufrimiento emocional captarán nuestra atención sobre la necesidad de un cambio radical en nuestra vida antes de que se manifieste alguna enfermedad. Sin embargo, el incremento de casos de cáncer en el mundo occidental sugiere que estamos encubriendo cada vez más nuestro dolor mediante distracciones y negación, impidiendo reconocer los mensajes de nuestra alma hasta que emergen síntomas físicos.

Las Tríadas Emocionales: Dolor y Placer

En el Árbol de la Vida, ubicadas justo debajo de la tríada del alma y a cada lado, se encuentran las tríadas emocionales asociadas al dolor y al placer. Estos son los refugios a los que solemos huir cuando el mundo se muestra demasiado abrumador. Al igual que el resto de las tríadas en el Árbol de la Vida, no poseen una naturaleza inherentemente positiva o negativa; su impacto depende del significado y la energía que les asignamos. Alimentadas tanto por nuestras convicciones y creencias procedentes de las tríadas intelectuales superiores como por nuestros pensamientos y acciones recurrentes en Hod y Netsaj, estas tríadas constituyen reservorios de pasiones que, en su mayoría, son inconscientes y pueden resultar destructivas. La tríada de la derecha, cuando pierde su equilibrio, se inclina hacia la vanagloria, mientras que la tríada de la izquierda, desequilibrada, conduce a la autodestrucción.

Cada experiencia de placer o dolor que experimentamos de manera visceral se almacena en estas tríadas. Representadas por los signos zodiacales acuosos de Piscis y Escorpio, un exceso de estas experiencias puede enturbiar y contaminar sus aguas, dando lugar a heridas emocionales profundas y difíciles de sanar. Cuando se habla de "un agujero en tu aura", se hace referencia a daños en estas tríadas laterales. Constituyen los gatillos emocionales que otros pueden activar en nosotros, lo que subraya su importancia en nuestra relación con nosotros mismos: si no tuviéramos gatillos, nadie podría activarlos. Más allá de lo que otros nos hayan hecho, lo esencial reside en nuestras propias respuestas y reacciones, las cuales suelen estar delineadas por nuestra carta astral.

Estas tríadas pueden ser fuentes de alegría y profundidad interior, pero también de codependencia, adicción, codicia, depresión, inclinaciones suicidas y una resistencia a soltar y perdonar. Dado que interactúan con Tiféret, las heridas y hábitos que albergan se camuflan detrás de lo que consideramos nuestra verdad. Así, la ira o el odio pueden presentarse como si fueran nuestro verdadero ser, o el glamour como si fuera nuestra auténtica belleza, aunque en realidad no exista verdadera verdad o belleza en ninguna de las tríadas.

Lo que realmente subyace es una necesidad compulsiva de satisfacer la adicción, ya sea al dolor o al placer. Ambas tríadas emanan un campo energético específico y sus patrones repetitivos se manifiestan en nuestra vida como si fueran sucesos externos ajenos a nosotros.

Tríada Emocional Del Placer

Esta tríada está diseñada para que disfrutemos, juguemos y dediquemos nuestro tiempo a deleitarnos y maravillarnos, especialmente visible en los niños, donde su funcionamiento es inmediato y puro. Sin embargo, surge la pregunta, ¿qué inconveniente podría presentar una tríada enfocada en el placer? Lamentablemente, para muchos, este espacio se convierte en un refugio para esquivar lo desagradable y donde, ocasionalmente, emergen nuestras peores versiones. Durante la niñez, representa el escenario perfecto para soñar despiertos y sumergirnos en mundos fantásticos a través de libros o películas. No obstante, si se enfrentan situaciones de infelicidad o se crece en entornos familiares problemáticos, la tendencia a escapar hacia estos universos de fantasía se intensifica y se hace más habitual de lo recomendable. Con el crecimiento, si se falla en equilibrar el anhelo de evasión o placer con disciplina y métodos efectivos para confrontar y disipar la negatividad en vez de huir de ella, se tiende a buscar constantemente fuentes de alivio o satisfacción para mitigar el dolor o la insatisfacción del corazón, el alma o el ego. Convertir la huida en un hábito nos desconecta de la energía de Geburá, esencial para proporcionarnos el discernimiento y la disciplina necesarios para reconducirnos hacia la verdad.

Es precisamente esta parte oculta de nuestro ser la que impulsa toda adicción y, de activarse, derriba cualquier barrera que pretenda limitar el disfrute, transformando el placer de un simple lujo en una necesidad imperiosa. Al cesar el entretenimiento, es posible que comencemos a enfrentarnos con la realidad en Tiféret y, si esta realidad dista de ser la deseada, se busca una nueva distracción.

Este comportamiento se observa claramente en adicciones como el alcohol, las drogas y la nicotina, aunque existen numerosas maneras de manifestarse. Desde la adicción al azúcar hasta la dependencia de las redes sociales, el ejercicio excesivo, el cotilleo, la pasión por el deporte, las apuestas, la adicción al sexo, las relaciones monógamas consecutivas y el exceso de televisión. La adicción se camufla con facilidad en esta tríada, volviéndose casi imperceptible; de hecho, solemos negarla vehementemente si alguien la señala, situación en la que las intervenciones se vuelven necesarias.

Si poseemos una Tiféret robusta y conectada con la Gracia, seremos capaces de identificar potenciales adicciones y confrontarlas mediante la disciplina de Geburá, tanto para cesar el hábito como para investigar y resolver sus causas subyacentes. De lo contrario, podemos caer inadvertidamente en estas prácticas, permitiendo que tomen control sobre nosotros. Todo creador, ya sea escritor, músico o artista, está familiarizado con el poder de la resistencia: evitamos a toda costa la disciplina requerida para empezar a trabajar, y lo mismo sucede cuando evitamos enfrentar situaciones en nuestras vidas que necesitan atención.

Lo más alarmante de esta tríada es que la necesidad de la sustancia o actividad elegida se intensifica para alcanzar un estado de felicidad mínimamente satisfactorio, lo que nos obliga a dedicar cada vez más tiempo en búsqueda de placer. Y cuando esta búsqueda fracasa, nuestra psique nos empuja hacia la tríada opuesta, la del dolor, la cual nos resulta insoportable. Por ello, hay quienes llegan a extremos como robar o incluso matar para obtener lo necesario que les permita evadirse nuevamente hacia el placer.

Tríada Emocional Del Dolor

La tríada compuesta por Geburá, Tiféret y Hod, cuando se encuentra en equilibrio, gestiona nuestra consciencia, los miedos más arraigados, nuestra percepción sobre cómo nos tratamos a nosotros mismos y la intensidad del sufrimiento, ya sea propio o ajeno. Estamos hablando de emociones profundas, más allá de meros sentimientos efímeros. Este equilibrio es fundamental como contrapeso a la tríada del placer. No obstante, tiende a desviarse hacia sentimientos negativos como la culpa, el miedo, el odio, los celos y la tendencia a la autodestrucción. Este desequilibrio se halla en el origen de afecciones como la fibromialgia, que se manifiesta a través del dolor y el cansancio sin causa física aparente, así como de la depresión. El trastorno bipolar representa la fluctuación constante entre estas dos tríadas, la del placer y la del dolor.

El guía espiritual Eckhart Tolle denomina a esta tríada como "el Cuerpo del Dolor", refiriéndose a ella como una entidad inconsciente que se nutre de dolor adicional, atrayendo más sufrimiento de manera inadvertida para nosotros.

Por su parte, la maestra espiritual Caroline Myss describe este ámbito como "woundology", el espacio donde nuestro dolor se transforma en nuestra identidad. Aquellos que sufren en esta tríada del dolor pueden expresar un deseo de curación, pero el ciclo de dolor se vuelve tan arraigado que perciben que forma parte esencial de su existencia. Imaginarse viviendo sin ese dolor es, para ellos, como contemplar su propia muerte, ya que han llegado a creer que su padecimiento los protege de enfrentarse a la vida real. El argumento "Oh, no, no puedes pedirme que haga eso..." se convierte en una justificación común para muchas enfermedades, y en última instancia, en una negación de la vida que se autoafirma.

Cuando permitimos que estas emociones profundas dominen nuestro ser, ambas tríadas pueden expandirse o "sangrar" a través de nuestra alma, instaurando un ciclo de heridas auto perpetuante que, en último término, puede culminar en un deseo de muerte. Este proceso nos aleja casi inevitablemente del despertar hacia verdades mayores de sanación y del contacto con lo Divino.

Capítulo XII - Técnicas De Sanción Para Nuestra Relación Con Nosotros Mismos

En la actualidad, contamos con un sinfín de métodos de autocuración accesibles gratuitamente en Internet, facilitando la búsqueda de aquellos que mejor se ajusten a tus necesidades. A continuación, se ofrecen algunas recomendaciones.

Meditación

La meditación no se limita exclusivamente a un encuentro elevado con lo Divino, como podría ser la Oración p. Existen diversas formas de meditación que fomentan un reencuentro personal. La esencia de la meditación radica en aquellas prácticas que disminuyen el ritmo de nuestra respiración y concentran nuestra atención en un único punto de enfoque. Al meditar, se estimulan los mecanismos naturales de curación del cuerpo, propiciando un estado de paz psicológica. Las meditaciones pueden ser activas, contemplativas o devocionales, y varían entre ser seculares y espirituales.

Actividades como la jardinería, bailar, cantar, caminar, escuchar música, observar el nacimiento de una mariposa, tomar sol, sumergirse en la lectura, recitar oraciones o afirmaciones son formas efectivas de meditación porque centralizan nuestra atención en un aspecto singular de la existencia.

Por otro lado, ver televisión, estar ante el ordenador o en el cine no califican como meditación, ya que nos conectan con historias externas en vez de fomentar una introspección.

Es interesante notar que disfrutar de un brownie o un helado puede constituir una práctica meditativa, al igual que lavar los platos, aunque esto último pueda sorprender. La clave de la meditación reside en dedicar plena atención a la actividad en curso. Sorprendentemente, he descubierto que realizar las cuentas anuales también puede ser una forma de meditación, encontrando satisfacción en el proceso matemático que esto implica.

La finalidad de la meditación es hallar nuestro ser esencial, conectando con nuestro núcleo-Tiféret. Lo ideal sería dedicar alrededor de veinte minutos diarios a esta práctica, aunque no necesariamente debe ser la misma cada vez. Lo importante es explorar las distintas actividades que podrían considerarse meditativas y reflexionar si incorporar estos cambios beneficiaría tu bienestar. Iniciar con tan solo cinco minutos diarios de concentración absoluta en una tarea puede ser un excelente punto de partida.

Haz Algo Nuevo Cada Día

Este hábito te permitirá conocerte mejor y estimulará a tu psique a confiar y utilizar Tiféret. Dado que Tiféret es el único capaz de gestionar situaciones novedosas, incorporar una nueva actividad diariamente contribuirá a su fortalecimiento. No es necesario que sean acciones de gran envergadura; algo tan simple como beber del lado opuesto de la taza o calzarte primero el zapato derecho puede marcar la diferencia. Lo ideal es que esta práctica sea lo más entretenida posible, de modo que tu ego te respalde en la iniciativa.

Aquí van algunas ideas:

- Visita una tienda o museo donde nunca hayas estado.

- Compra un tipo de flores que nunca antes hayas elegido.

- Sustituye una palabra o expresión que uses frecuentemente por otra nueva. Un diccionario de sinónimos puede ser de gran ayuda.

- Mira un programa de televisión que nunca antes hayas considerado.

- Toma un camino distinto al habitual para ir al trabajo.

- Prueba alimentos que nunca hayas comido y dales una segunda oportunidad a aquellos que no te gustaban en tu infancia; tus preferencias podrían haber cambiado.

- Vístete siguiendo un orden diferente y cámbiale el orden a tu rutina de higiene dental.

- Disfruta del postre antes del plato principal.

- Baila al ritmo de una canción diferente cada día.

- Reflexiona sobre cómo invertirías 100.000 £. Permítete imaginar disponer de 100.000 euros nuevos cada día para tomar decisiones frescas sobre su uso, tras haber destinado el dinero del día anterior en diversas opciones. Nota importante: Ten cuidado de no caer en la tentación de ser excesivamente generoso. No se trata de donar tu dinero a otros diariamente. Hacerlo ocasionalmente está bien, pero si se convierte en un patrón, estarás enviando un mensaje al Universo de que no estás abierto a recibir prosperidad.

Practica Ho'oponopono

Ho'oponopono es una antigua técnica hawaiana de sanación y reconciliación, basada en la repetición de un mantra poderoso: "Te amo, lo siento, por favor perdóname, gracias". Originalmente, se me enseñó que este diálogo era con Dios, lo cual para mí no representaba un conflicto, aunque observé que no todos compartían esta visión. Con el tiempo, comprendí que en realidad, estas palabras se dirigen hacia nosotros mismos, hacia esas partes de nuestra psique que nos desafían y hacia nuestro ego. Lo extraordinario del ho'oponopono es que nuestro ego no distingue entre heridas provenientes de fuentes externas y aquellas originadas internamente. A menudo, un daño causado por otros se experimenta una sola vez, pero nosotros lo revivimos repetidamente hasta que se fusiona con nuestra identidad.

El verdadero dolor surge al esperar disculpas o comprensión de otros, cuando en realidad, el problema radica en nuestro propio apego a ese dolor. Al depositar nuestro poder en otros, permitimos que nos controlen; al reclamar ese poder para nuestro Verdadero Ser, ganamos dominio sobre nuestra existencia.

El procedimiento de ho'oponopono es simple pero profundo. Reconoce que nuestra infelicidad y dolor son el resultado de las "informaciones" almacenadas en nuestro ego. Al repetirnos "Te amo, lo siento, por favor perdóname, gracias" constantemente, se inicia un proceso de purificación, eliminando esos registros dolorosos y abriendo paso a la armonía. Esta práctica facilita el perdón, a menudo sin necesidad de concentrarse conscientemente en el objeto de nuestro perdón, y al adoptarla sinceramente, se puede llegar a recordar situaciones dolorosas sin el lastre emocional previo.

Leer Y Aprender

Los libros "Falling Upward" de Richard Rohr y "You Can Heal Your Life" de Louise L. Hay, ofrecen una visión clara y sencilla sobre la distinción entre nuestro yo auténtico y el ego. Estas lecturas son valiosas herramientas en el camino hacia el autoconocimiento. Comprender nuestro verdadero yo facilita enormemente el proceso de identificación y desarrollo personal. La realización de una carta astral o el estudio del Eneagrama son también recursos útiles, ya que proporcionan luces sobre las diferencias entre las características asociadas a nuestra Luna (ego) y nuestro Sol (verdadero yo), así como los aspectos positivos y negativos de nuestra personalidad según el Eneagrama.

Parte IV - Nuestra Relación Con Los Demás

Capítulo XIII - Despertar

Las interacciones humanas con lo divino y consigo mismos se reflejan en la parte superior del Árbol de la Vida, mientras que nuestras conexiones con otros y con el planeta se encuentran en la parte inferior. La sección superior se conecta con el Espíritu en el mundo de Beriah, y la inferior, con la realidad tangible en el mundo de Assivah. Esto explica por qué las interacciones físicas y con otros parecen más intensas y evidentes, a diferencia del espíritu, que es más sutil.

Alcanzar un estado de equilibrio implica que ambas partes se armonicen a través de una Tiféret robusta. Se puede ilustrar esto con la metáfora de un remero en un bote, situado en el centro del Árbol de la Vida, maniobrando hábilmente los remos para navegar con o contra la corriente, según su elección consciente. La falta de equilibrio se asemeja a dejarse llevar por la corriente, lo que puede resultar en colisiones contra rocas o en dar vueltas sin dirección.

El conocimiento esencial aquí es que, al clarificar nuestra conexión con lo divino y con nosotros mismos, la percepción del "otro" cambia a ser vista meramente como una extensión de nuestra propia creación. Nada externo tiene el poder de dañarnos, enfermarnos o asustarnos sin nuestro consentimiento.

Aunque esto pertenece a un terreno metafísico avanzado, se espera que se vislumbren las amplias posibilidades que esto implica.

La cometa inferior está asociada al signo zodiacal de Cáncer, conocido como el signo de la "madre", lo cual abarca tanto características positivas como negativas. Un Cáncer positivo se caracteriza por ser fuerte y protector, equilibrando sus necesidades con las de los demás, mientras que un Cáncer negativo puede mostrarse controlador y resentido, condicionando su afecto con "Si realmente me quisieras...".

Justo debajo de Tiféret, enlazando con Las Sefirot de Hod (pensamiento) y Netsaj (acción), se halla lo que se denomina la Tríada del Despertar. Este aspecto de la psique simboliza la individuación: el descubrimiento de nuestra verdadera esencia en relación con el entorno. También conocida como la tríada del éxtasis, lo salvaje, nos sitúa en el viaje del héroe o peregrino. Ubicada en la columna central, tiene la capacidad de equilibrar la conciencia, pero, al estar profundamente vinculada con lo material, es considerablemente influenciada por nuestro contexto físico y emocional. La conciencia tribal, centrada en la supervivencia, hace que nuestras relaciones con el entorno y las finanzas sean inevitables.

Hod y Netsaj son comparables a las hojas y ramas de un árbol, las cuales recolectan energía (información) y crecen en función del valor nutritivo recibido tanto de arriba como de abajo.

La Tríada del Despertar se constituye por el área entre Tiféret, Netsaj, que simboliza nuestra faceta activa, creativa y sensual, y Hod, que representa nuestros pensamientos e información. La transición entre Hod y Netsaj es el umbral donde oscilamos entre nuestro yo consciente y subconsciente. Por encima de este umbral, tenemos la oportunidad de forjar nuestro propio destino, mientras que por debajo, quedamos atrapados en la cotidianidad y el karma de nuestra comunidad, acciones y país.

La cohesión en grupos como tribus, naciones o manadas proviene de un sentido de seguridad compartida, aunque esto también representa su mayor desafío.

Lo ideal sería crecer en un entorno donde la familia, educadores y compañeros fomenten nuestra autenticidad, establezcan límites claros para nuestra seguridad y al mismo tiempo retos para nuestra individualidad, reconociendo nuestras cualidades únicas. En tiempos antiguos, se observaba detenidamente a cada infante para asignarle la tarea más adecuada a sus habilidades, valorando su contribución, ya fuera como chamán o como artesano.

Este es el momento en que definimos nuestro papel dentro del grupo, decidiendo si colaboraremos con otros. Algunos asumimos roles de liderazgo, otros de apoyo, sanación o defensa, influenciados por nuestra genética y psique, así como por nuestra relación con lo divino, con nosotros mismos y con los demás.

Durante la infancia, exploramos roles de liderazgo y poder jugando a ser príncipes o guerreros, lo cual nos permite experimentar nuestra propia grandeza. Permitimos que otros asuman roles de liderazgo a su turno. Una infancia difícil o padres que no nos enseñan a valorarnos resulta en una Tríada del Despertar debilitada, insatisfecha o, en el peor de los casos, traumatizada.

Los buscadores espirituales, a menudo vistos como marginales por su disconformidad con la norma, exploran creencias alternativas fuera del consenso tribal. Incluso en sociedades estables, se desalienta la individualidad, especialmente si desafía las convenciones intelectuales del grupo, debido al miedo a lo desconocido y al peligro que esto representa para la cohesión del grupo.

La Tríada del Despertar se ilustra en la historia bíblica del Éxodo, donde Moisés, representando al alma en búsqueda, atraviesa el desierto, simbolizando el proceso de despertar, solo y luego con su tribu. Inicialmente, la tribu muestra interés por liberarse de la esclavitud (Egipto) y comprometerse con lo divino. Sin embargo, cuando se requiere compromiso real, prefieren regresar a lo conocido.

Así, la historia del Éxodo en el Árbol de la Vida nos ayuda a comprender la cometa inferior en su totalidad antes de abordar los Mandamientos finales en relación con nuestra sanación.

Éxodo

La narrativa del Éxodo comienza cuando los descendientes de Jacob y José, que habían migrado a Egipto durante un periodo de hambruna, pierden su conexión espiritual y caen en un estado de opresión tanto emocional como física. Esta situación es común en las religiones o doctrinas tras el fallecimiento de un líder, cuando los seguidores se aferran a las enseñanzas pasadas en vez de a las revelaciones actuales. Al perder el contacto con lo espiritual, nos apegamos a las normativas, que invariablemente nos conducen a la esclavitud.

Moisés emerge como figura clave cuando el Faraón de Egipto ordena la muerte de todos los niños hebreos varones, al verlos como una amenaza por su creciente número. En una mente equilibrada, se reconocería este desbalance como algo a corregir. Sin embargo, en este caso, el ego y el orgullo mal orientado de Tiféret intentan sofocar cualquier posibilidad de crecimiento espiritual o anhelo de una existencia mejor.

La supervivencia de Moisés se debe a la decisión de su madre de confiarlo a las aguas en una cesta de mimbre, simbolizando la entrega de su hijo a la providencia divina.

Este relato opera en múltiples niveles: psicológicamente, representa el viaje del alma navegando por emociones tumultuosas sin sucumbir al karma colectivo; espiritualmente, ejemplifica cómo los individuos pueden trascender sus circunstancias; y en el plano divino, refleja el destino de un alma en particular.

La hija del Faraón, al rescatar a Moisés y reconocer su origen hebreo, decide criarlo en su hogar y posteriormente llevarlo al palacio. Esta es una manifestación de la Gracia, atraída por la fe y la confianza en lo divino.

Moisés, educado como príncipe egipcio, experimenta su primera transformación, de un estado egocéntrico a una conciencia despierta. A pesar de su vida palaciega, es consciente de su herencia y el sufrimiento de su pueblo. Su deseo de ayudar, sin embargo, se ve frustrado por su falta de sabiduría. Un acto impulsivo de justicia, al matar a un egipcio que maltrataba a un hebreo, revela cómo el ego y la acción precipitada pueden ser tan opresivos como la tiranía externa. La consecuencia de este acto obliga a Moisés a huir al desierto, marcando su segundo despertar espiritual. Al perderlo todo por su impulso y pasión, debe comenzar de nuevo.

Este ciclo de acción y reacción se observa constantemente, donde tanto intenciones nobles como nefastas generan más conflicto al responder de manera emocional a situaciones adversas.

Al reconocer su papel en su propia caída, Moisés cruza conscientemente hacia una nueva fase de autoconocimiento. Al reflexionar sobre sus acciones, comprende que responder al mal con mal no resuelve nada, ni beneficia a nadie, incluido él mismo.

Una crisis personal nos empuja a abandonar nuestra zona de confort y a adoptar nuevas perspectivas. Enfermedades, fracasos financieros o rupturas sentimentales pueden ser catalizadores de cambio si estamos dispuestos a aprender de ellos.

El pueblo en el libro del Éxodo pasa largos periodos en el desierto, un escenario que nos invita a despertar y reconocer que el ego, con su dualidad de correcto e incorrecto, no es la solución. Mantenerse aferrado a justificaciones sobre nuestra situación no cambia la realidad. Para muchos, este proceso de comprensión y transformación puede durar décadas.

El Desierto

En el árido entorno del desierto, emergen dos lecciones cruciales: la necesidad de superar el orgullo para solicitar ayuda y la importancia de someternos a la disciplina. Estos principios encarnan los aspectos conscientes de Hod y Netsaj. Mientras que un Hod no consciente se aferra a antiguos patrones de pensamiento y expresión, uno consciente está abierto al aprendizaje. Un Netsaj que actúa sin conciencia repite acciones perjudiciales, ejemplificado en el acto de comer un donut adicional, mientras que uno consciente opta por cambios saludables, como elegir una manzana en reconocimiento al merecimiento de una nutrición adecuada.

La "línea liminal" entre Hod y Netsaj marca un umbral crítico; por debajo de ella, somos esclavos de los impulsos egoístas y repetitivos, pero al vivir conscientemente por encima, nos convertimos en artífices de nuestro destino.

Moisés, transformado de príncipe egipcio a pastor, encarna una profunda humildad, esencial en el sendero espiritual. Esta transición de un hombre de poder a uno que cuida de seres vulnerables simboliza un retorno a Tiféret, el núcleo de nuestro ser auténtico, lo que Jesús denominó "el Reino de los Cielos". En la Escalera de Jacob, Tiféret se posiciona como la corona del reino físico, el corazón del psicológico y la base del espiritual. Es aquí donde la revelación divina se hace accesible, como a Moisés a través de la Zarza Ardiente, que le instruye salvar a su pueblo, simbolizando también el rescate de los aspectos inferiores de su psique.

Tras vivenciar nuestra propia "Zarza Ardiente" de comprensión, debemos enfrentarnos al núcleo del problema. El debate entre los cabalistas sobre si el Faraón simboliza el orgullo negativo (Tiféret) o el ego (Yesod) refleja esa parte de nosotros resistente al cambio, aferrada al pasado, a las injusticias y a los viejos hábitos, rechazando lo nuevo o no verificado. El Faraón, en su intransigencia, desencadena las diez plagas, inicialmente ignoradas como meros síntomas pasajeros. Con el agravamiento de las plagas, intenta negociaciones temporales con Moisés, revirtiendo cualquier compromiso una vez la crisis se disipa. Esta actitud refleja cómo, con la remisión de síntomas por intervenciones médicas, frecuentemente regresamos a los patrones que invitaron la enfermedad, olvidando rápidamente nuestra anterior condición y omitiendo la necesidad de un cambio genuino.

Las Diez Plagas Y Su Correlación Con El Árbol De La Vida

En el contexto del Árbol de la Vida, las plagas de Egipto se escalonan en gravedad y duración, cada una superando a la anterior. Se pueden interpretar en el ámbito de las enfermedades de la manera siguiente:

Mailjut: La transformación del río Nilo en sangre simboliza trastornos digestivos. Esta plaga afecta a los tejidos vivos a través del consumo de agua o alimentos contaminados. Aunque en raras ocasiones es grave, normalmente el organismo es capaz de eliminar el veneno, resolviéndose el problema en aproximadamente cuarenta y ocho horas.

Yesod: Las ranas, habitantes tanto del agua como de la tierra, encarnan las perspectivas exageradas o el complacerse en emociones intensas. En el plano físico, esto se traduce en tos, resfriados o inflamaciones, siendo molestias más que enfermedades graves y, por tanto, fáciles de minimizar o ignorar.

Hod: Los piojos significan ser consumido por elementos tanto físicos como psicológicos. Esto incluye obsesiones, erupciones, picazón, fiebres, siendo la piel, nuestro órgano más extenso, un indicador de procesos internos de desintoxicación. Los sarpullidos revelan enfermedades subyacentes que demandan atención y no pueden ser fácilmente ocultadas o superadas.

Netsaj: Los enjambres, comúnmente interpretados como "moscas", representan cualquier exceso, ya sea en secreciones corporales o en problemas de salud mental, así como enfermedades recurrentes como la gripe. Es crucial observar la repetición de estos síntomas, que requieren cada vez más atención médica.

Tiféret: El ganado enfermo simboliza daños a órganos vitales, diabetes y señales tempranas de enfermedades cardíacas, marcando una advertencia de que algo en nuestro ser físico o emocional está desviado.

Geburá: Los forúnculos representan la ira contenida, pudiendo ser el inicio de tumores benignos o malignos. Esta plaga captura nuestra atención, impulsándonos a actuar contra su causa antes de que sea demasiado tarde, a menos que, al igual que el Faraón, ignoremos la lección una vez desaparecidos los síntomas.

Jesed: La granizada simboliza la propagación del cáncer o la ocurrencia de un ataque cardíaco, situaciones que ponen en riesgo la vida y ofrecen una última oportunidad para un cambio radical.

Biná: Las langostas marcan una fase en la que ni la alimentación ni la medicación ofrecen alivio; el cuerpo comienza a debilitarse hasta acercarse al punto de no retorno.

Jojmá: La oscuridad representa la penúltima fase antes de la muerte, con el cese de funciones corporales esenciales. En este estadio, parece necesitarse un milagro para revertir la situación.

Kéter: La muerte o una profunda transformación es el último escalón, simbolizando el fin de un ciclo y el comienzo de otro, ya sea en el plano físico o espiritual.

Regreso Al Desierto

La teoría de las capas de la cebolla sugiere que la solución de un problema requiere abordarlo en múltiples etapas, cada una revelando un nivel más profundo que el anterior, hasta lograr una solución completa. Esta idea se ilustra a través de la experiencia de Moisés, quien, al sanarse a sí mismo en una capa del problema, se enfrentó a nuevos retos al liderar a los hebreos hacia un cambio radical de vida. Este concepto nos enseña que, en nuestro propio proceso de crecimiento o sanación, debemos estar preparados para descubrir y superar sucesivas capas de desafíos, lo que implica una evolución constante y un compromiso inquebrantable con nuestro desarrollo personal.

En el relato del Éxodo, la liberación de los esclavos por parte del faraón, tras la muerte de los primogénitos egipcios, es solo un alivio momentáneo. Cuando los hebreos parten, el faraón se arrepiente y los persigue hasta el Mar Rojo, donde él y su ejército perecen. Este acontecimiento simboliza el fin de una faceta de la enfermedad, eliminada por un tratamiento o un cambio radical. Sin embargo, el proceso de sanación de mente, cuerpo y espíritu debe continuar para prevenir el retorno de la enfermedad original, simbolizado por el ataque de otras tribus.

El desierto simboliza el lugar donde dejamos atrás nuestra tribu y se asocia con la Tríada del Despertar en el Árbol de la Vida. Es aquí donde cruzamos un umbral y comenzamos una vida reconsiderada. Este período implica vivir sin muchas comodidades previas, enfrentando desafíos como la abstinencia de alcohol o el manejo de enfermedades. Este cambio integral puede ser difícil de comprender para nuestros seres queridos, cuya resistencia puede tentarnos a volver a viejos hábitos si tememos su incomprensión. Los hebreos expresaron esta resistencia lamentándose de las dificultades del desierto, prefiriendo la vida en Egipto donde, al menos, la comida era previsible.

La providencia divina se manifiesta para los hebreos como maná del cielo, adaptándose a las necesidades de cada uno. Este periodo puede compararse a la luna de miel de nuestro despertar, cuando adoptamos nuevas prácticas o dietas. Sin embargo, mantener estos cambios requiere esfuerzo constante.

Dios establece pactos con los hebreos, prometiéndoles cuidados a cambio de seguir simples reglas. Más que leyes arbitrarias, estas prácticas fomentan el respeto hacia uno mismo, hacia los demás y hacia el planeta. Aunque la Biblia menciona más de seiscientas leyes, se entiende que muchas fueron reinterpretadas y que el Deuteronomio no se "descubrió" hasta siglos antes del nacimiento de Jesús.

El Éxodo subraya la importancia de la Geburá para el crecimiento espiritual, y cada vez que los hebreos incumplen su pacto, se imponen más restricciones. Esto nos enseña la importancia de seguir nuestra intuición y actuar con previsión.

Los diez mandamientos, dados tres veces en lugar de las dos comúnmente aceptadas, solo se grabaron en piedra en la última ocasión. Cada alianza y su infracción ilustran la transición desde el alma hacia la Tríada del Despertar y desde el ego hacia la misma tríada. La primera, simbolizada por Moisés, asegura que nuestra conexión divina proveerá lo necesario para una vida plena. La segunda, reflejada en los israelitas, muestra el entusiasmo por alcanzar Tiféret pero sin la disciplina de Geburá necesaria para mantener el impulso. Este patrón se observa en quienes buscan constantemente nuevas fuentes de inspiración sin aplicar lo aprendido, quedando atrapados en la rutina diaria.

La Tríada del Despertar también abarca la ciencia, el deporte y la política, ámbitos en los que buscamos la excelencia y el liderazgo. Aunque la crueldad puede ser un rasgo humano, esta tríada nos impulsa a superar obstáculos con determinación, similar a la lucha animal por el liderazgo. La ciencia, que exige pruebas en el mundo físico, es posible gracias a esta tríada, recordándonos que estamos sujetos a las leyes de la creación y sus consecuencias.

Este entendimiento nos conduce a considerar los últimos cuatro mandamientos.

Capítulo XIV - Los Preceptos Diarios

Existe una profunda verdad espiritual que afirma la imposibilidad de infringir alguno de los Diez Mandamientos sin generar un efecto cascada que afecte a todos los demás. Esto se hace especialmente evidente en los cuatro mandamientos que circundan y protegen a Yesod, el ego. Yesod constituye la superficie de nuestro ser físico, aquello que mostramos al exterior.

Yesod se encuentra rodeado por tres tríadas:

- La Tríada del Pensamiento, que une a Hod, Yesod y Mailjut.

- La Tríada del Sentimiento, que conecta a Hod, Netsaj y Yesod.

- La Tríada de la Acción, que vincula a Netsaj, Mailjut y Yesod.

Estas tríadas son nutridas por nuestras emociones más profundas e influyen en nuestro cuerpo físico. Yesod actúa como el Da'at del árbol Assivático, el dominio físico, facilitando la comunicación entre nuestra psique más elemental y nuestro organismo.

Esta interacción resulta crucial cuando nuestro cuerpo necesita alertarnos sobre alguna disfunción, manifestándose a través de sensaciones de desorientación, desconexión o dolor. No obstante, las intuiciones psicológicas tienden a ser meras reacciones ante la vida, marcando patrones recurrentes que, de seguirse ciegamente, nos conducirían a repetir los mismos errores.

Estas tríadas representan el estrato vegetativo de nuestra psique, aquel que opera de manera automática. Al igual que las plantas, que crecen, se reproducen, buscan la luz, envejecen y mueren, nosotros compartimos esos impulsos básicos. Sin embargo, nuestra naturaleza nos impulsa a trascender esos automatismos mediante la observación y transformación consciente de nuestro comportamiento.

Durante la infancia, nuestra existencia se rige mayormente por estas tríadas, respondiendo instintivamente a los estímulos externos para discernir entre lo seguro y lo peligroso. Así, aprendemos tanto por experiencia directa, como por observación y consejo, diferenciándonos de otras especies en nuestra capacidad de aprendizaje y adaptación.

Reaccionamos impulsivamente a través de estas tríadas, sin detenernos a reflexionar sobre nuestras acciones, pensamientos o emociones. No obstante, es posible superar esta reactividad mediante el uso consciente de nuestra mente, permitiéndonos modificar hábitos arraigados. Yesod, una vez reeducado, adoptará y mantendrá estos nuevos patrones con la misma firmeza que los antiguos. Es este aspecto el que facilita la adopción de prácticas saludables como la meditación, afirmaciones positivas o el ejercicio físico, siempre que se realice una preparación consciente desde Tiféret, Geburá y Jesed.

Cada individuo suele inclinarse hacia una o dos de estas tríadas inferiores, predominando en su forma de reaccionar como pensador, emocional o activo. Quienes se orientan hacia el pensamiento y la emoción suelen configurar la tríada emocional del dolor a través de Hod, mientras que los emocionales y activos modelan la tríada del placer a través de Netsaj. Los más pragmáticos tienden a ser los pensadores y activos, quienes se centran en la tarea sin dejarse influir demasiado por las emociones ajenas.

La principal diferencia entre estas tríadas y las superiores radica en nuestra conexión con el mundo físico, activadas por nuestros sentidos. Los olores, imágenes, sonidos, e incluso acciones pueden desencadenar recuerdos y emociones específicas, aunque estas sean efímeras. Nuestra reacción a la ausencia de comunicación deseada puede provocar una espiral de pensamientos y emociones que, curiosamente, puede conducirnos a hábitos como el consumo de chocolate, demostrando cómo nuestras respuestas pueden variar frente a cambios en nuestras circunstancias, a diferencia de las tríadas emocionales superiores, que operan en un nivel más profundo.

Netsaj

"No cometerás adulterio" (Éxodo 20:14).

Netsaj, una sefira con significados tan diversos como Victoria y Eternidad, encarna el principio de la acción y la excitación. En el ámbito natural, Netsaj simboliza el cambio de estaciones, marcando el inicio de la primavera, el verano, el otoño o el invierno; ciclos eternos que, pese a su regularidad, siempre vienen acompañados de una renovada sensación de expectativa. Aprendí a percibir este "cambio de año" en agosto, un momento donde incluso el canto de los pájaros y el aroma de la tierra anuncian una transformación.

De manera positiva, Netsaj inicia ciclos que se repiten constantemente. En su aspecto negativo, puede ser el origen de compulsiones que desembocan en adicción, manifestándose en un deseo insaciable de "más y más". Así, Netsaj puede ser el motor detrás de la búsqueda del placer, conectándose también con las tríadas inferiores de acción y sentimiento.

Tras participar en un taller estimulante, enfrentamos una disyuntiva similar al juego de "serpientes y escaleras". Podemos optar por detenernos en Tiféret, fortalecernos en Geburá y ejercer un Netsaj positivo integrando lo aprendido en nuestra rutina, o caer en la tentación de Geburá, deslizándonos hacia un Netsaj negativo que desvirtúa nuestras nuevas enseñanzas.

La definición de "adulterar", según el diccionario Webster, es corromper o degradar añadiendo elementos extraños o inferiores. Para quien busca el crecimiento espiritual, esto puede traducirse en compartir nuestros avances con quien no valora nuestro camino, exponiéndonos a críticas que minen nuestra motivación, o en ceder ante antojos que contradicen nuestros principios recién adoptados. Aunque todos podemos caer en estas acciones por ser humanos, es crucial reconocer si se convierten en un patrón recurrente.

Adulterar también puede implicar sobrecargar algo valioso con añadidos innecesarios. Es común que, tras aprender una técnica como el Reiki, se busque complementarla con otros sistemas, lo cual puede enriquecerla o desvirtuarla. La clave está en reflexionar si realmente necesitamos más para potenciar lo que ya funciona. Los relatos sobre la eficacia del Reiki canalizado por sus maestros fundadores evidencian su poder intrínseco, que a menudo se diluye al intentar ampliarlo con símbolos o prácticas adicionales más por el deseo de novedad que por una necesidad real. No se critica la integración de nuevas técnicas al Reiki, sino la falta de reflexión sobre nuestras verdaderas motivaciones para hacerlo. Si ya practicamos la autosanación y meditación con regularidad, y sentimos la necesidad de expandir nuestro conocimiento, es válido. Pero si descuidamos la esencia del Reiki, cualquier novedad corre el riesgo de contaminar su pureza.

El adulterio, entendido comúnmente como infidelidad sexual, es un claro ejemplo de traición. Sin embargo, existen casos excepcionales donde un tercer participante ha beneficiado la relación. Lo perjudicial es mezclar elementos incompatibles sin discernimiento. Igualmente, un matrimonio puede volverse tóxico por sí solo, sumido en la amargura o la incomunicación.

Este mandamiento nos advierte contra actuar impulsivamente, instándonos a recordar y mantener nuestros estándares en todos los aspectos de la vida. El ego nos tienta con la promesa de lo nuevo y mejorado, pero debemos discernir si lo que deseamos es genuinamente valioso o simplemente un disfraz de lo mismo. Además, nos recuerda proteger nuestra autenticidad sin permitir que las opiniones ajenas distorsionen nuestra realidad. Al final, si estamos en sintonía con nuestras tríadas y mantenemos una perspectiva desapegada desde Tiféret, comprenderemos que atraemos lo que reflejamos, viendo en "el otro" un espejo de nosotros mismos.

Hod

"No Robarás" (Éxodo 20:15).

Hod, término hebreo que alude al esplendor y la reverberación, y en la lengua griega, se interpreta como "el camino". Esta noción actúa como prolongación de Nezaj, encargada de perpetuar el impulso inicial. Las manifestaciones espléndidas, por su naturaleza, resuenan en altas vibraciones, y Hod se encarga de sostenerlas mediante la repetición consciente o el estudio dedicado. La dimensión negativa de Hod emerge cuando se ignora la recepción de nuevos estímulos, limitándose a la mera repetición de vibraciones conocidas, lo que puede conducir a un estado de inmovilidad.

Es reconocida la relevancia de un editor competente para los escritores, pues este figura como el puente que aporta Netsaj al aspecto Hod de su obra. La tendencia humana a un vocabulario restringido y a la reiteración de tramas semejantes puede ser superada con la intervención de un editor, cuya diversidad léxica enriquece el texto. Contrariamente, un editor deficiente puede resultar contraproducente.

Esta noción se vincula con el concepto de robo, dado que Hod, a pesar de su lógica y racionalidad, también se asocia con la astucia. Las ilusiones y los artificios de los ilusionistas, que operan desde Hod, logran entretener y desvelar maravillas aparentemente mágicas. Simular la realidad a través de la ficción implica, de cierta forma, un hurto de la verdad. La problemática surge cuando estas distracciones se venden como verdaderas o se emplean para usurpar dignidad, propiedad, información, confianza o reputación.

Los medios de comunicación ejemplifican una entidad hodiana, sirviendo en teoría como canales de información relevante y periodismo investigativo esencial. No obstante, también han sido responsables de menoscabar carreras, estilos de vida y relaciones, entre otros aspectos, de aquellos sobre quienes informan. La verdadera esencia de Hod radica en discernir y desentrañar la verdad, en lugar de explotar secretos personales para el entretenimiento público. Aunque esto involucra también a la deshonestidad Yesodiana, puede incluir la divulgación de información veraz que, por su contexto, despoja de dignidad, esperanza o planes futuros.

Despersonalizar al otro, tratándolo como un objeto más que como ser humano, para beneficio propio o mediático, constituye un robo de su humanidad. Asimismo, focalizarse exclusivamente en el aspecto físico de una enfermedad, olvidando la persona detrás del padecimiento, o subestimar la capacidad de otro insistiendo en resolver por él sin fomentar su autonomía, son formas de despojo.

En el plano material, apropiarse de lo ajeno refleja una falta de autoestima o la creencia de ser incapaz de generar bienestar por uno mismo, robándose así dignidad y amor propio. La usurpación de propiedad intelectual, incluidas las imágenes de internet, aunque culturalmente minimizada, sigue siendo una práctica reprobable. Utilizar Hod en detrimento propio, sumiéndose en distracciones digitales en exceso y evadiendo la realidad, roba la esencia de vivir experiencias auténticas y forjar vínculos significativos.

El abuso de Hod también se manifiesta al monopolizar el tiempo ajeno con diálogos unidireccionales, ofreciendo consejos no solicitados o priorizando relatos personales negativos sobre las necesidades de los demás, constituyendo así un robo de tiempo e incluso de vida.

Yesod

"No darás falso testimonio" (Éxodo 20:17).

Yesod representa nuestra imagen pública, la versión de nosotros mismos que mostramos al mundo, como si fuera una máscara. Todos portamos diversas máscaras que reflejan parcialmente la verdad, pero ninguna es completamente sincera. Al proyectar una de estas máscaras como si fuera nuestra verdadera esencia, nos engañamos tanto a nosotros mismos como a los demás.

Es intrigante cómo Yesod funge como el filtro de nuestro cerebro que selecciona lo que efectivamente vemos, escuchamos y sentimos, sin revelarnos la totalidad de la realidad.

Originariamente, este mecanismo defensivo debió ser absolutamente beneficioso, y aún conserva su utilidad, ya que sin este filtro, la sobrecarga sensorial haría imposible la concentración en nuestros entornos. Por ejemplo, mientras se enfoca en una pantalla de ordenador, uno puede obviar completamente su entorno inmediato, pero al prestar atención, se descubre un mundo de detalles que, de percibirse constantemente, impedirían cualquier enfoque productivo.

Yesod, a medida que crecemos, aprende a determinar en qué debemos enfocar nuestra atención. Si albergamos una mentalidad de escasez, por ejemplo, este filtro nos hará pasar por alto oportunidades de prosperidad. Así, una persona que vive en la conciencia de la pobreza podría no notar un billete en la calle.

Además, Yesod gestiona nuestras funciones automáticas, como la respiración durante el sueño o el simple acto de levantarse. Influye en nuestras preferencias alimenticias, basadas en experiencias pasadas, y puede llevarnos a rechazar o aceptar ciertos alimentos sin una base racional actual.

Al explorar la influencia de Yesod, descubrí que es posible cambiar nuestras aversiones alimenticias originadas en el pasado, como el rechazo a las cebollas o los aguacates, basadas en asociaciones emocionales específicas.

Yesod revela una dualidad interesante con las tríadas circundantes, que viven en el presente, mientras que Yesod se basa en experiencias pasadas. Este sistema reacciona según esta información pasada, pero la aplica al presente, generando respuestas inmediatas sin necesidad de revivir la experiencia original.

La relación con los alimentos, como el ejemplo de los aguacates o las tartas de natillas, ilustra cómo Yesod puede mantenernos atados a deseos o aversiones basadas en recuerdos antiguos, incluso cuando nuestra experiencia actual difiere significativamente.

Este análisis de Yesod nos enseña que nuestras percepciones y reacciones están profundamente arraigadas en experiencias pasadas, lo que nos afecta de maneras sutiles pero significativas en nuestro día a día.

Yesod constantemente nos recicla información como mecanismo de protección, requiriendo actualizaciones y ajustes desde una perspectiva consciente de Tiféret para permitirnos percibir el mundo con una nueva óptica. Sin embargo, este proceso de actualización implica un esfuerzo considerable, y a menudo optamos por evitarlo.

El marketing es un paradigma del falso testimonio, operando bajo principios Yesódicos para convencernos de la necesidad de adquirir ciertos productos para mejorar en diversos aspectos de nuestra vida. Aunque en ocasiones puede ser veraz, frecuentemente se alinea con lo que la Cábala describe como una "verdad luciferina". Según la narrativa, Lucifer, conocido como el "Hijo de la Mañana" y ángel caído, optó por reinar en el infierno antes que servir en el cielo, manifestando su envidia hacia Adán. Su misión es someternos a pruebas, tarea que desempeña con destreza en la era moderna a través del engaño del glamour. Este último, una ilusión compuesta de esplendor Netsajiano y apariencia de eternidad, nos seduce hacia ideales de juventud eterna, delgadez extrema y belleza sin carácter en las mujeres, y de éxito, valentía y atractivo sexual en los hombres, aprovechándose de nuestras percepciones Yesódicas de la belleza.

El falso testimonio se manifiesta tanto al minimizar como al exaltar desmedidamente. No obstante, existe una distinción clara entre las mentiras pronunciadas desde el amor y aquellas destinadas a impresionar o denigrar. Por ejemplo, criticar despiadadamente a alguien en un momento crucial, como decir a una novia que luce desfavorablemente en su vestido, constituye una traición a su autoimagen, un robo de su felicidad y una imposición de nuestra percepción como si fuera un hecho. Contrariamente, afirmar su esplendor constituye una verdad de mayor valor y un acto de bondad genuina. Sin embargo, la capacidad de discernir entre estas acciones recae en Tiféret, Geburá y Jesed, no en Yesod, que se limita a lo ya conocido, incluso cuando pretende presentar novedades.

En situaciones de innovación auténtica o crisis verdaderas, nos vemos impulsados directamente hacia Tiféret, representando una de las bendiciones más significativas. En momentos de acontecimientos extraordinarios o tragedias, necesitamos una conciencia plena, lo que resulta en la suspensión temporal de nuestras condicionantes habituales. Cuando Yesod carece de referencias previas o posee solo información que podría intensificar la amenaza percibida, opta por el silencio.

Este fenómeno explica la capacidad humana para realizar actos de valentía inusitados, como levantar vehículos en emergencias, enfrentarse a peligros extremos o actuar bajo una claridad y ausencia de miedo inesperadas, empujados hacia su esencia verdadera en servicio a una Verdad superior, donde se les concede la Gracia.

Técnicas de Sanación para Nuestras Relaciones

A menudo, las acciones de otros pueden parecer la causa directa del dolor o el maltrato que experimentamos. Sin embargo, al sanar nuestras dos primeras relaciones personales, es posible que los problemas externos desaparezcan como por arte de magia. Al llenarnos de amor propio y Gracia, la negatividad empezará a evitarnos. Es cierto que todos estamos en constante evolución y que algunas influencias negativas externas pueden ser más difíciles de esquivar que otras.

Meditación Budista

Existen diversas variantes de esta práctica meditativa disponibles en línea, pero la versión más básica implica sentarse en meditación y repetir internamente las siguientes afirmaciones primero hacia uno mismo y después hacia los demás:

"Que yo esté seguro, que yo esté bien, que yo sea feliz, que viva en paz".

Comienza dirigiéndote a ti mismo para luego extender estas intenciones hacia el resto del mundo:

"Que todos los seres estén seguros, que todos los seres estén bien, que todos los seres sean felices, que vivan en paz".

Piensa en alguien que amas y dile mentalmente:

"Que estés seguro, que estés bien, que seas feliz, que vivas en paz".

Luego, dirige tu atención hacia aquellas personas que no son de tu agrado o que te han causado dolor, y repite:

"Que estés seguro, que estés bien, que seas feliz, que vivas en paz".

Puede sonar excesivamente sencillo, pero el acto de desear sinceramente el bienestar de los demás puede transformar radicalmente nuestra relación con ellos, casi instantáneamente.

Si encuentras resistencia al desear el bien a alguien, es útil reflexionar sobre el motivo. A menudo, nos aferramos al resentimiento o al dolor creyendo que, de soltarlos, permitimos que la otra persona "gane" de alguna manera. Pero desear el bien a alguien no equivale a avalar sus acciones. Similar al perdón, el propósito es liberarnos del dolor que nos causa la situación. Es mucho más probable que la otra persona se disculpe o corrija su comportamiento si le enviamos pensamientos positivos. Al convertir esta práctica en un hábito, la buena voluntad se integrará en nuestra aura, impidiendo que el daño nos alcance nuevamente.

Recoger la Proyección

El ego, centrado en uno mismo, proyecta nuestras creencias y emociones en los demás. Cuando alguien nos ofende o nos daña, a menudo refleja aspectos negativos no reconocidos en nosotros mismos. Si te sientes provocado por la crueldad o la negligencia de alguien hacia personas, animales o el planeta, puede ser una señal de que albergas esa misma negatividad internamente. Por ejemplo, la ira hacia alguien por maltratar animales podría ser una expresión de nuestra propia violencia interior. La incomodidad ante personas que aparentan una juventud o belleza ideales podría reflejar deseos similares no admitidos en nosotros mismos, rechazados por creencias personales.

Cuando te encuentres reaccionando con violencia, es crucial mirar hacia dentro y reconocer dónde resides o deseas actuar de manera similar. Este reconocimiento puede conducir a una mayor tolerancia y a una acción más equilibrada sin reacciones desproporcionadas.

La empatía, a menudo idealizada en el ámbito espiritual, originalmente implicaba proyectar nuestros sentimientos en otros. Muchos que se consideran empáticos en realidad pueden estar proyectando sus emociones, más que sintonizando auténticamente con las de los demás. La verdadera empatía surge de la interacción entre Hod, Netsaj, y Yesod, y no se limita a la absorción pasiva de las emociones ajenas. El movimiento físico puede ser una herramienta útil para equilibrar estas emociones y fomentar acciones que aborden la causa del malestar.

Los empáticos deben enfocarse en transformar las emociones negativas en pensamientos y acciones sanadoras, elevando así la energía del mundo en lugar de añadirle más dolor. La sensibilidad extrema puede ser indicativa de baja autoestima y límites poco claros, llevando a una vulnerabilidad ante el dolor ajeno.

Adopta un Mantra Protector

Un mantra de protección que he encontrado útil es: "La luz blanca me rodea, cuatro ángeles me protegen". Creer en este mantra fortalece la sensación de seguridad, aunque en realidad, la protección provenga de nuestro interior. Aunque puede no ser necesario, es una práctica segura y reconfortante para manejar recuerdos o sensaciones de amenazas pasadas. En situaciones genuinas de peligro, es importante avanzar hacia un estado de mayor conciencia y acción, como Tiféret.

Crear tu propio mantra de protección es posible, inspirándote en recursos en línea o tu creatividad personal.

Aléjate de los Entornos Nocivos

Alejarse de influencias tóxicas requiere una firme determinación y, a veces, la aplicación de Geburá. Aunque puede ser complicado si se trata de familiares o colegas, no se debe asumir que el cambio es imposible. Establecer límites saludables y trabajar en la autoestima son pasos cruciales para evitar recrear situaciones negativas en otros contextos.

Para protegerse de energías negativas, visualiza espejos alrededor tuyo reflejando la negatividad, adopta una postura que refleje seguridad y utiliza el mantra ho'oponopono para modificar tu energía. La lectura especializada y la invocación de ángeles protectores, como Samael o el Arcángel Miguel para situaciones de maldad genuina, pueden ofrecer apoyo adicional. Sin embargo, en desafíos cotidianos, Samael puede ser más apropiado para brindar protección sin preocuparse por el reconocimiento.

Parte V - Nuestra Relación Con La Tierra

Capítulo XV - Nuestra Madre Tierra

A medida que avanzamos en este texto, habrás notado que cada sección es más breve que la anterior. Esto se debe a que, al abordar los problemas fundamentales con el concepto del "Yo Soy" desde el inicio, facilitamos la resolución de las dificultades subsecuentes por difusión. Resolver esta relación primordial, incluso en el plano físico, nos guía hacia una transición final serena e incluso gloriosa hacia lo divino. Al hacerlo, superamos el miedo a dejar atrás nuestra conciencia egocéntrica y abrazamos la alegría de la unificación con el todo. Este logro representa en sí mismo una profunda sanación que todos aspiramos a alcanzar, aunque sea en un futuro lejano.

No obstante, ahora nos centramos en nuestra relación con la Tierra, que constituye nuestro cuerpo físico y el escenario donde se manifiestan los males derivados de nuestras otras tres relaciones esenciales.

Observamos cómo, paralelamente a los incrementos en enfermedades humanas como el cáncer, la diabetes, el asma y el Alzheimer, así como condiciones que reflejan nuestra adaptación a cambios ambientales, tales como el autismo, nuestra Madre Tierra experimenta crisis similares. Estas enfermedades y condiciones no solo se manifiestan en nosotros, sino también en el planeta, reflejando nuestra interconexión con el medio ambiente.

La era de la ciencia y la tecnología, principalmente en el reino de Assiyah, ha traído consigo desafíos sin precedentes para la salud de nuestro planeta. Aunque muchos de estos avances tecnológicos y científicos han sido beneficiosos, también han causado efectos adversos significativos, como la contaminación por plásticos en nuestros océanos, el uso de pesticidas que aniquilan comunidades de insectos esenciales, la producción de alimentos tóxicos y el empleo de combustibles contaminantes.

Estos daños ambientales son, en gran medida, el resultado de transgresiones contra el último mandamiento, destacando la importancia crítica de nuestra relación con la Tierra y el impacto directo que nuestras acciones tienen sobre ella. Reconocer y rectificar nuestra conexión con la Tierra es fundamental no solo para nuestra sanación individual, sino para la del planeta en su conjunto.

Mailjut

"No codicies" (Éxodo 20:17).

Anhelar lo ajeno, desear intensamente lo que otros poseen en vez de valorar nuestros propios bienes, es lo que define el acto de codiciar. Esta inclinación no solo se aplica a la riqueza o belleza, sino también al amor, las tierras y cualquier tipo de propiedad, impulsada por la observación de que otros ya disfrutan de estos bienes. Sin embargo, lo que muchos olvidan es que lo que conseguimos manifestar, nuestras "flores y frutos" en el plano material, se origina en nuestro ser interno más que en circunstancias externas. Aunque lo externo tiene su influencia, a menudo de manera más intensa de lo que sería beneficioso, este puede simbolizarse por aquellos insectos y aves que, atraídos por nuestras flores y frutos, deciden polinizarnos o simplemente ignorarnos.

La codicia, intrínsecamente ligada a la avaricia, constituye el nexo de unión entre los Diez Mandamientos, manifestándose en diversas formas:

- Lleva al falso testimonio, cuando pretendemos poseer lo que no tenemos, ya sea para engañarnos a nosotros mismos o para impresionar a otros, o bien para ocultar el daño que nuestras ambiciones pueden causar.

- Incita al robo, bajo la falsa creencia de merecimiento de lo ajeno, justificando acciones para apoderarnos de bienes no solo materiales sino también de vidas y recursos naturales.

- Fomenta el adulterio, buscando atajos para alcanzar deseos prohibidos sin considerar el perjuicio causado.

- Provoca el asesinato, por la negación de nuestra capacidad para manifestar el bien, llegando a extremos de eliminar vidas para satisfacer nuestros deseos o destruir psicológicamente a otros para apropiarnos de sus logros.

- Deshonra nuestro hogar y familia, nuestro legado y el del planeta, considerándolos insuficientes y menospreciando nuestro entorno como entidad viviente.

- Impulsa al exceso de trabajo y al consumismo desmedido, evitando el descanso necesario para personas y recursos.

- Resulta en tomar el nombre del Señor en vano, idolatrando nuestros deseos o buscando poder espiritual para fines egoístas, incluyendo actos de "curación" que no son más que ocultamiento de síntomas o privación de experiencias vitales necesarias para otros.

- Genera ídolos y falsas imágenes, desde la obsesión por la apariencia hasta la glorificación de la guerra y el rechazo a principios democráticos esenciales.

La codicia, al final, nos lleva a negar nuestra esencia, proclamando "Yo No Soy" en lugar de reconocer nuestro verdadero valor y potencial, sumiéndonos en una percepción de insuficiencia en sabiduría, belleza, inteligencia, riqueza, felicidad y amor.

Si estamos atados a patrones destructivos y voraces, enfermamos. La idea de que el mundo o las personas se curen a sí mismos para solucionar nuestros problemas es ineficaz.

Nuestra conexión con la Tierra es el reflejo de nuestras relaciones con la Fuente de Todo, con nosotros mismos y con los demás. Las prácticas chamánicas, que nos enseñan nuestra unión indisoluble con la Tierra, nos permiten entender sus enfermedades como propias.

Diversas filosofías espirituales reconocen la conciencia de la Tierra, a menudo denominada Gaia. Hay debates sobre si es un ser angelical o un conjunto de organismos vivos que, al interactuar, crean una conciencia colectiva. Independientemente, la Tierra tiene plena capacidad de terminar con la humanidad cuando lo desee.

Actualmente, el impacto humano es comparable a una psoriasis en su superficie, pero la Tierra es mucho más vasta y poderosa que lo que vemos. Un simple estornudo suyo podría acabar con miles de vidas. Con suficientes terremotos, podría extinguirnos, tomando todo el tiempo necesario para recuperarse.

La Cábala sugiere que este escenario es posible, viendo a la humanidad como una especie en su infancia, propensa a destruir y enojar. Es probable que, al crecer, dañemos varios planetas, lo cual podría estar previsto en el Plan Divino. Si nos viéramos forzados a dejar la Tierra, podríamos comenzar a habitar otro planeta que ya se esté preparando para nosotros. A pesar de esto, es crucial esforzarnos por cuidar de nuestro hogar actual y mitigar el daño que hemos causado.

La interpretación errónea de la palabra hebrea "radah" en el Génesis como "dominar" en vez de "gobernar" ha tenido consecuencias negativas. Dominar implica ver a la Tierra como inferior, mientras que gobernar debería implicar un liderazgo que administre y respete, no que explote por codicia. Aunque el ego humano lucha con este concepto, el alma lo comprende intuitivamente.

No obstante, la humanidad ha colaborado con la Tierra para crear belleza. Nuestros jardines y el transporte de especies alrededor del mundo han generado tanto maravillas como destrucción. La colaboración consciente con los espíritus de la naturaleza en la jardinería puede ser enriquecedora.

Para aquellos involucrados con la tierra, como jardineros o agricultores, es posible sanar nuestra relación con ella tratándola como un ente consciente. Avisar a las plantas sobre las intervenciones que realizarás y pedirles que te comuniquen sus necesidades puede resultar en sorpresas gratificantes.

Sin embargo, para muchos, el vínculo con la tierra es distante. Las ciudades nos alejan de una conexión directa con la naturaleza, y la desconexión de los orígenes de nuestros alimentos evidencia una relación deteriorada con el medio ambiente. Esta desconexión es una fuente de malestar moderno.

El aumento de problemas de salud mental y física puede deberse a la falta de oportunidades para aprender a vivir en armonía con la Tierra. Antiguamente, la vida dependía directamente de ella, lo que generaba un profundo respeto por la creación. Las almas más antiguas retienen este respeto, pero las más jóvenes, acostumbradas a entornos urbanos, enfrentan mayores desafíos para su desarrollo. Aunque la tecnología ofrece conocimientos, como los programas de cocina, la experiencia práctica, especialmente en la preparación y conservación de alimentos, se está perdiendo. En lugar de recurrir a remedios naturales, tendemos a depender de soluciones farmacéuticas, lo cual beneficia a la industria pero limita nuestra participación en la autocuración.

Aunque existen numerosos recursos para profundizar en la importancia del medio ambiente para nuestra salud, hay muchas formas de reconectar con la Tierra, incluso desde la ciudad. Buscar la conexión con la tierra es beneficioso, igual que lo es la búsqueda espiritual.

Fortaleciendo Nuestra Conexión Con La Tierra

Resulta reconfortante saber que acciones individuales como el compostaje, reciclar o reducir el uso del plástico, aunque importantes, no son los únicos medios para mejorar nuestra relación con el planeta. Cada gesto cotidiano hacia la Tierra fortalece nuestra conexión personal y colectiva con ella, marcando una diferencia significativa.

Celebra A La Gran Madre

Una conocida chamán de Dartmoor, Suzi Crockford, dedica las mañanas a entonar cantos de amor y gratitud hacia la Tierra. De igual manera, aprovecho los paseos con los perros para cantar a la Gran Madre, aunque prefiero hacerlo en privacidad. La tradición sostiene que el universo fue creado a través del canto más que de la palabra. Es crucial que nuestras canciones sean de naturaleza positiva, transmitiendo alegría y esperanza, pues la Tierra ya está saturada de negatividad.

La creatividad no tiene límites en la elección o creación de letras y melodías; incluso es posible adaptar himnos conocidos para honrar a "Elohim". "For the Beauty of the Earth", de Folliott Sandford Pierpoint, cuya primera estrofa adapto así:

Por la belleza de la tierra,

por la gloria de los cielos,

por el amor que, desde nuestro nacimiento,

nos envuelve y sostiene;

a ti, Elohim, elevo

este himno de gratitud y alabanza.

Himnos y canciones recomendadas

"Incontables bendiciones", de Cecil Frances Alexander

"Por la belleza de la Tierra", de Folliott Sandford Pierpoint

"Ha amanecido", de Eleanor Farjeon

"Qué mundo tan maravilloso", de Bob Thiele y George Weiss

"Alto en las Montañas Rocosas", de John Denver y Mike Taylor

"Sol en mis hombros", de John Denver, Mike Taylor y Dick Kniss

"Llévame a casa, caminos del campo", de John Denver, Bill Danoff y Taffy Nivert Danoff

"Viejo hombre río", de Jerome Kern y Oscar Hammerstein II

"Debes creer en la primavera", de Bill Evans (Michel Legrand y Jacques Demy)

"Hermano mirlo", de John Lees

Estas melodías y letras pueden servir como una forma de reconectar con nuestro entorno, celebrando y agradeciendo la abundancia y belleza que la Tierra nos ofrece.

Meditación Con Flores En El Árbol De La Vida

La meditación que se enfoca en las diez sefirot del Árbol de la Vida, imaginando flores o vegetación floreciendo en cada sefira, es una práctica tranquila y sanadora. Te ayuda a identificar qué aspectos de tu ser, tanto psíquico como físico, pueden requerir atención, al mismo tiempo que te conecta con las vibraciones curativas de los colores terrestres.

Es probable que las flores adecuadas para ti se presenten espontáneamente, sin embargo, aquí tienes algunas sugerencias:

- Mailjut, ubicado en la base de la columna vertebral: Elige una rosa roja vibrante o cualquier flor de tono carmesí para representarlo.

- Yesod, relacionado con la región genital: Prefiere caléndulas de un naranja brillante, clemátides plateadas o lirios del valle. El color naranja resuena con el chacra gonádico, pero Yesod se asocia con la Luna, permitiendo que tu intuición guíe tu elección. Los colores intensos estimulan la energía, mientras que los tonos suaves la pacifican.

- Hod, en la cadera izquierda: Opta por flores amarillas luminosas como celidonias o ranúnculos.

- Netsaj, en tu cadera derecha: Selecciona flores rosas fragantes.

- Tiféret, en el área del plexo solar/corazón: Los girasoles pueden activar la energía o una rosa rosa profundo para confortar y sanar.

- Geburá, sobre tu hombro izquierdo: Escoge entre flores de pasión escarlata, amarilis o bayas de acebo.

- Jesed, en tu hombro derecho: Lilas moradas aromáticas o anémonas serán perfectas.

- Da'at, en tu tercer ojo: Imagina una brisa fresca y ligera acariciando la zona.

- Biná, en tu hemisferio cerebral izquierdo: Salvia, salvia blanca, cardo marino o plantas con follaje gris suave son ideales.

- Jojmá, en tu cerebro derecho: Un iris azul-púrpura complementa esta sefira.

- Kéter, en la coronilla: Flores blancas puras, como los lirios, simbolizan esta conexión espiritual superior.

Esta meditación no solo facilita la introspección y la autoobservación sino que también fomenta una profunda conexión con el reino natural, permitiendo una experiencia curativa integral.

Conexión Terrenal

Esta técnica de meditación te permite canalizar la energía sanadora directamente desde el núcleo de la Tierra.

Busca una posición cómoda y visualiza un hilo o cordón que se extiende desde la base de tu columna vertebral hacia abajo, penetrando el suelo, la roca, y descendiendo cada vez más profundo hasta llegar al núcleo ardiente de la Tierra. Luego, imagina cómo atraes esa potente energía del centro terrestre hacia arriba a través del cordón, permitiendo que se disperse por todo tu ser, infundiéndote de vigor y vitalidad.

Experimenta la sensación de esta energía al volver a sumergirse en el corazón de la Tierra y después trae hacia ti una nueva oleada de energía. Repite este proceso varias veces, hasta que percibas una sensación de purificación y fortaleza interior.

Transformación en Montaña

Se considera que cada sefira en el Árbol de la Vida alberga dentro de sí otro Árbol de la Vida. Para explorar los diez aspectos de Mailjut, imagínate transformándote en una montaña. Piensa en las montañas, cuya mayor parte se oculta bajo la superficie, similar a los icebergs. Visualiza tu crecimiento, extendiéndote hacia el cielo con tu cabeza y anclándote profundamente en la tierra con la parte inferior de tu cuerpo, fusionándote con el lecho rocoso del planeta. Sumérgete en la quietud y la lentitud de la piedra, examinando tu interior para descubrir dónde resides el granito, el cristal, el sedimento, los fuegos volcánicos o las cavernas y ríos subterráneos de agua pura.

Experimenta la gracia de la lluvia o la nieve cayendo sobre ti, llenando tus grietas y purificándote, transformándote en una entidad viva de luz cristalina.

Conexión Terrenal

Conectar con la tierra puede ser tan simple como caminar descalzo sobre la hierba, permitiendo una interacción directa y simbiótica con el planeta. Este contacto piel con tierra permite la transferencia de electrones libres desde el suelo a nuestro cuerpo, actuando como antioxidantes que pueden reducir la inflamación y mejorar la salud general.

Curiosamente, a pesar de que los caminantes podrían parecer los más conectados con la naturaleza, los calzados modernos impiden esta conexión esencial. La vida moderna nos ha alejado de caminar descalzos, limitando estas oportunidades a momentos esporádicos como las vacaciones en la playa.

Un estudio en los Países Bajos reveló que la jardinería, en comparación con leer en casa, mejora el estado de ánimo y reduce los niveles de cortisol, la hormona relacionada con el estrés. Para aquellos que buscan una experiencia de conexión más profunda, el Earthing completo, que consiste en tumbarse desnudo sobre la tierra por hasta veinte minutos al día, ha mostrado ser beneficioso, como lo atestigua la experiencia personal de alguien que encontró alivio del dolor durante y después de practicarlo regularmente.

Para quienes no tienen acceso fácil al exterior, existen alternativas como sábanas y almohadillas confeccionadas con hilos de algodón y plata que simulan los efectos de la conexión directa con la tierra, ofreciendo una manera de mantener esta vital conexión incluso desde espacios interiores.

Paseos Y Baños En Oscuridad

Si resides en un entorno rural y tranquilo, te invito a pasear hasta media hora durante la noche, procurando minimizar el uso de una linterna. En noches de luna llena, probablemente no necesitarás luz extra. Sumergirte en la oscuridad te acerca al corazón de la Madre Tierra, permitiéndote experimentar una paz profunda en el silencio de tu alma. Durante tu caminata, podrías entonar el himno "It Came Upon the Midnight Clear".

Si crees en los Espíritus de la Tierra, entenderás que emergen de plantas y árboles por la noche y se sumarán a tu paseo. Conversa con ellos, bendícelos y agradéceles. Es posible que al principio te intimiden; no son dóciles y poseen una moralidad única, pero mantén tu compostura; como ser humano, comprenden que puedes ser un vehículo de Gracia.

Si no tienes la opción de caminar, sumérgete en un baño en la habitación más oscura posible por veinte minutos. Deja que la oscuridad inunde tu corazón y alma. Si esto te causa temor, es una señal de desconexión con las energías profundas de la Tierra. No te alarmes, pero adéntrate gradualmente en la oscuridad o mantén una vela encendida hasta que te sientas listo para abrazar la profundidad de la noche.

Visitas A La Naturaleza Y La Vida Salvaje

Había pasado más de treinta años sin visitar un zoológico hasta que fui al de San Diego, un zoológico comprometido con la ecología, donde se rescatan especies para reintroducirlas en su hábitat natural. Fue revelador observar a los animales en persona en vez de a través de una pantalla. Había olvidado lo diferente que es.

Interactuar directamente con una flor, un árbol, un animal o un río lo hace tangible. Es menos probable que lastimemos aquello que consideramos real. Si bien hay excepciones, si optamos por enojarnos con quienes cazan por diversión, debemos introspectar para identificar aquellos objetivos vulnerables que elegiríamos destruir para liberarnos de nuestro propio rencor y tensión internos. No tenemos que avalar sus acciones y es válido expresar nuestra opinión al respecto, pero despreciar o detestar al cazador solo refleja nuestro propio desequilibrio interno.

Comunión Con Un Árbol

Abrazar un árbol es una práctica popular en la corriente de la Nueva Era, aunque personalmente prefiero sentarme apoyada contra un árbol, permitiendo que su campo energético me envuelva gradualmente; una vez, un árbol me indicó claramente que me retirara cuando intenté abrazarlo. Esta actividad es particularmente enriquecedora en la oscuridad. Si encuentras un árbol robusto, idealmente cincuenta años mayor que tú –mejor aún si es centenario– y meditas con él desde el crepúsculo hasta la completa oscuridad, el espíritu del árbol se manifestará. Aunque quizás no logres percibir esta conexión directamente, confía en que así será y permite que la vigorosa esencia espiritual del deva te fortalezca y arraigue. En ocasiones, podrás sentir o ver a los devas, quienes pueden mostrarse imponentes, por lo que es importante mantenerse respetuoso y firme. Los devas, al igual que los ángeles, no se comunican verbalmente, pero si tienen un mensaje para ti, lo recibirás con claridad.

Si es posible, opta por sentarte directamente en el suelo y no sobre una tela, y si tienes la oportunidad, establece un contacto físico directo con el árbol. La conexión física genuina es mucho más intensa de lo que recordamos.

Acampada Al Natural

Acampar en medio de la naturaleza no es para todos, pero si te encuentras en una tienda de campaña a orillas de un río, enciendes tu fuego de forma segura y cocinas tus alimentos al natural, vivirás una de las experiencias más enriquecedoras y conectadas con la Tierra. Compartir tus días comiendo, durmiendo y despertando en su seno puede ser transformador. Si el clima lo permite, te animo a dormir al aire libre, bajo el manto estelar. Somos seres compuestos por fuego, aire, agua y tierra, y acampar nos permite armonizar estos cuatro elementos esenciales, tanto en nuestro interior como en nuestro entorno.

Cierre y Despedida

Al adentrarte en este viaje a través de las páginas de este libro, espero que hayas encontrado luz en los conceptos de la Cábala y cómo estos pueden guiar tu camino hacia la sanación. La diversidad de sugerencias presentadas no pretende abrumarte, sino ofrecerte una paleta de herramientas espirituales de las cuales puedes escoger. Si te concentras en practicar una sola meditación durante seis semanas, estarás forjando una nueva y significativa conexión en tu cerebro, un paso firme hacia la sanación que buscas. Recuerda, cada paso, por pequeño que sea, es un avance valioso en tu camino hacia la recuperación y el bienestar.

La sanación es un viaje personal y único, y las prácticas que he compartido contigo están diseñadas para ayudarte a encontrar tu propio camino a través de la sabiduría ancestral de la Cábala. Cada concepto, cada meditación, es una invitación a explorar más profundamente tu ser, a conectar con las fuerzas espirituales que nos rodean y a descubrir la armonía entre tu cuerpo, tu mente y tu espíritu.

Te invito a continuar este viaje de descubrimiento y sanación con la serie de meditaciones adicionales basadas en conceptos cabalísticos que encontrarás en los anexos. Estas meditaciones están diseñadas para profundizar tu comprensión y tu conexión con las dimensiones más sutiles de tu ser y del universo. Cada una es una oportunidad para expandir tu conciencia, fortalecer tu espíritu y avanzar hacia una sanación más profunda y significativa.

Gracias por permitirme acompañarte en este viaje. Que la Bendición del Fuego, que ilumina y transforma; la Bendición del Aire, que trae claridad y renovación; la Bendición del Agua, que limpia y refresca; y la Bendición de la Tierra, que sostiene y nutre, te acompañen ahora y siempre. Que encuentres paz, sanación y plenitud en tu camino. Amén.

- Neville Jung
  www.TusDecretos.com

EL PODER SANADOR DE LA CÁBALA

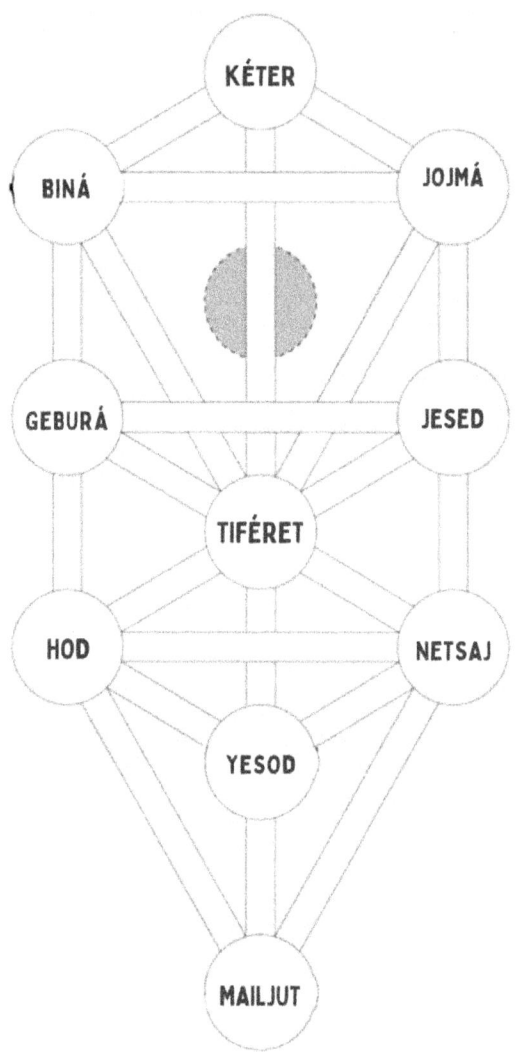

Anexos: Meditaciones Adicionales

A Través De Las Sefirot

La Cábala, una antigua sabiduría espiritual con raíces en el judaísmo místico, nos ofrece un mapa del universo y de nuestra alma a través de las Sefirot. Las Sefirot son diez emanaciones o atributos divinos a través de los cuales el Infinito se revela y se manifiesta en el mundo finito. Imagínalos como esferas de luz en un árbol, el Árbol de la Vida, cada una irradiando su energía única, conectándose unas con otras por senderos que dibujan el flujo de la energía divina a través de todo lo existente.

Cada Sefirá representa una faceta de la experiencia humana y divina, desde la sabiduría más pura (Jojmá) hasta la fundación de la existencia (Yesod), culminando en Mailjut, que representa nuestro mundo físico y material. Este mapa celeste actúa como un espejo del alma humana, ofreciendo un camino de retorno hacia la unidad y la armonía con lo divino. Al meditar y reflexionar sobre las Sefirot, podemos iniciar un proceso de sanación interior, reconectándonos con nuestras raíces espirituales y con la fuente de toda creación.

La sanación a través de la Cábala y Las Sefirot implica un viaje hacia el autoconocimiento y la transformación espiritual. Al explorar las cualidades de cada Sefirá, nos abrimos a recibir sus bendiciones y enseñanzas, permitiendo que su energía purifique y armonice nuestro ser. Este proceso nos invita a mirar dentro de nosotros mismos, a reconocer nuestras sombras y nuestras luces, y a encontrar el equilibrio y la paz interior que anhelamos. Así, la Cábala se convierte en un puente entre lo divino y lo humano, guiándonos hacia una sanación profunda del alma.

Para esta meditación, imagínate en un espacio sereno, donde el ajetreo del mundo se desvanece y todo lo que existe eres tú y el suave abrazo de la paz. Al instalarte en esta quietud, deja que tus ojos se cierren suavemente, invitándote a una profunda sensación de relajación. Respira profundamente, inhalando la esencia de la serenidad por la nariz, sintiendo cómo tus pulmones se expanden con el aliento de la vida, y luego exhala lentamente, liberando cualquier resto de tensión o preocupación.

Comenzamos invocando la luz divina de Ein Sof, la fuente infinita de la que fluye toda curación. Imagina esta presencia luminosa sobre ti, bañándote de calor, envolviéndote en amor incondicional. Esta luz es tu faro, que te guía hacia la plenitud y el bienestar.

Con cada respiración, siente que te conectas más con esta esencia divina, como si cada inhalación atrajera más luz a tu ser y cada exhalación liberara lo que ya no te sirve. En este espacio sagrado, tu voz es suave, apacible, un susurro tranquilizador que te lleva más profundamente al reino de la curación.

Haz una pausa ahora y respira, permitiéndote absorber plenamente el significado de este momento. Reflexiona sobre la luz que hay sobre ti, siente su presencia como una fuerza tangible de amor y sanación.

A medida que viajamos a través de las Sefirot, las emanaciones divinas, visualiza cada una como un paso hacia una curación y comprensión más profundas.

1. Imagina una corona radiante de luz que descansa sobre tu cabeza. Esto es Kéter, que simboliza tu conexión directa con la voluntad divina. Siente cómo este vínculo profundiza tu unidad con todo lo que es, anclándote en el propósito del viaje de tu alma. Haz una pausa ahora y reflexiona sobre esta conexión.

2. Visualiza rayos de luz que descienden de Kéter, iluminando tu camino con comprensión y sabiduría. Estas luces, una a tu izquierda y otra a tu derecha, se funden ante ti, guiándote hacia la iluminación. Haz una pausa y respira esta sabiduría.

3. Da'at (Conocimiento). Sé testigo de la convergencia de la luz de Biná y Chokmah en un brillante orbe de Da'at. Este conocimiento divino es la clave de tu curación, un faro que brilla en tu camino. Haz una pausa y deja que su luz te llene, guiando tus pasos.

4. A tu derecha, una cálida luz de Jesed te abraza con amor; a tu izquierda, el resplandor rojo de Geburá te otorga fuerza. Siente cómo estas energías armonizan en ti, un equilibrio de bondad y coraje. Haz una pausa y abraza este equilibrio.

5. En el centro de tu corazón florece una luz dorada, Tiféret, que simboliza la belleza y la compasión. Siente cómo esta luz cura tu corazón, restaurando el equilibrio y la paz. Haz una pausa y deja que su calidez te llene.

6. Netzach (Eternidad) y Hod (Esplendor): Visualiza dos luces, una verde y otra naranja, que te enraízan con resistencia y humildad. Estas energías apoyan tu viaje de sanación, guiándote hacia el esplendor. Haz una pausa y siente su apoyo.

7. Una luz lunar en tu pelvis conecta lo divino de arriba con tu existencia física. Esta fuerza estabilizadora garantiza la armonía entre tu yo espiritual y tu yo físico. Haz una pausa y siéntete enraizado en esta luz.

8. Imagina una luz vibrante a tus pies, que te enraíza en Mailjut, donde lo divino se manifiesta en lo físico. Siente esta conexión con la realidad, una base para tu viaje de sanación. Haz una pausa y deja que esta energía te ancle.

A medida que nuestra meditación se acerca a su fin, vuelve suavemente tu conciencia al momento presente. Mueve los dedos de las manos y de los pies y, cuando te sientas preparado, abre los ojos, llevando contigo la paz y la curación de este viaje.

Tikun Olam y Tikun HaNefesh

Tikun Olam, o "la reparación del mundo", es una convocatoria profundamente arraigada en la tradición cabalística y judía que nos urge a contribuir en la restauración y armonización del universo. Este concepto nos alienta a trascender nuestras inquietudes personales, impulsándonos hacia acciones altruistas que promuevan el bienestar colectivo y la integridad del entorno. Se nos invita a participar en la construcción de un mundo más justo, equitativo y sostenible, a través de gestos de bondad, esfuerzos por la justicia social y la conservación del medio ambiente. Tikun Olam encapsula la idea de que cada individuo tiene un papel crucial en el proceso de sanación global, destacando nuestra responsabilidad compartida hacia la creación de un futuro mejor.

Por otro lado, Tikun HaNefesh, la "reparación del alma", se centra en el viaje interior hacia la automejora y la sanación espiritual. Este proceso introspectivo nos invita a reflexionar sobre nuestras acciones, purificar nuestras intenciones y superar nuestras limitaciones personales. Al sanar nuestras propias almas, no solo nos transformamos y evolucionamos como individuos, sino que también contribuimos a la sanación colectiva del mundo. La interacción entre Tikun Olam y Tikun HaNefesh subraya que el esfuerzo por reparar el mundo y el trabajo de cultivar nuestro crecimiento espiritual interno son inseparables, reforzando la idea de que cada paso hacia la mejoría personal es, simultáneamente, un paso hacia el bienestar global.

Para esta meditación, nos adentramos en los profundos conceptos de la Chispa Divina dentro de nosotros, Tikun Olam (la reparación del mundo) y Tikun HaNefesh (la reparación del alma). Estas ideas sirven como faros que nos guían hacia la curación personal y universal. Al embarcarnos en este viaje, tratamos de interiorizar estos conceptos, permitiendo que iluminen nuestro camino hacia la plenitud.

Para prepararte, busca un santuario de quietud donde te sientas cómodo y protegido. Puedes optar por sentarte en la tranquilidad o tumbarte, adoptando la postura que resuene con tu esencia. Cierra suavemente los ojos y tómate un momento para respirar profundamente, llenando tu ser de calma y exhalando cualquier resto de estrés o tensión.

Céntrate en este momento, reconociendo la divinidad omnipresente que teje el tejido de la creación. Acepta tu lugar único dentro de este tapiz infinito, conectado a la totalidad de la existencia.

A lo largo de esta meditación, deja que tu voz sea un recipiente de calma, cuidado y empatía, cultivando un santuario de tranquilidad y seguridad.

Práctica de meditación:

1. Visualiza tu luz interior

- Dentro del santuario de tu corazón, visualiza una chispa luminosa. Esta es la esencia de tu chispa divina, pura y eterna. A medida que respiras, ve cómo esta chispa se vuelve más radiante, su calidez envuelve todo tu ser, impregnándote de amor y luminosidad.

- Haz ahora una pausa para reflexionar sobre este resplandor interior.

2. Conecta con el Ein Sof:

- Imagina la luz de tu corazón elevándose hacia arriba, formando un vínculo celestial con el Ein Sof, la fuente ilimitada de toda existencia. Siente cómo esta conexión sagrada fortalece tu luz interior, dotándote de energía divina y serenidad.

- Haz una pausa ahora para profundizar esta conexión divina.

3. Abraza el Tikkun Olam

- Reflexiona sobre el concepto de Tikun Olam, imaginando tu luz como una fuerza para la curación del mundo. Visualiza este resplandor extendiéndose desde ti, tocando los lugares rotos, uniéndose con la chispa divina dentro de todas las almas para tejer un tapiz de luz y restauración a través de la tierra.

- Pausa para imaginar esta sanación global.

Sanación a través de Tikkun HaNefesh

4. Reflexiona sobre tu sanación personal.

- Enfócate en Tikun HaNefesh, la sanación de tu propia alma. Identifica cualquier sombra de dolor, remordimiento o negatividad. Imagina tu luz divina abrazando estas sombras, trayendo calidez, perdón y transformación.

- Haz una pausa para abrazar esta sanación interior.

5. Libera y renueva

- Con cada respiración, libera cualquier oscuridad, obstáculo o dolor. Inhala la esencia de la luz sanadora, sintiéndote rejuvenecido y sereno. Observa cómo te vuelves más ligero, impregnado de paz.

- Haz una pausa para sentir esta renovación.

6. Afirmación de Unidad y Propósito

- Susurra a tu alma: "Soy un faro de luz divina y sanación. Con cada respiración, mi conexión con lo divino se profundiza, dándome poder para sanarme a mí mismo y al mundo."

- Haz una pausa para interiorizar esta afirmación.

Poco a poco, vuelve a encontrarte con el presente, sintiendo el apoyo de la tierra bajo ti. Cuando te sientas bien, abre suavemente los ojos, llevando la luz y la curación que has alimentado al mundo que te rodea.

Reflexiona sobre el viaje que has emprendido, un recordatorio de tu conexión divina y de tu capacidad para contribuir a la curación del mundo y de ti mismo. Deja que esta meditación se convierta en una práctica regular, un medio para profundizar en tu sentido del propósito y fortalecer los caminos de luz y sanación en tu vida.

Los Cuatro Mundos: Azilut, Beriah, Yesirah y Assivah

En la Cábala, los Cuatro Mundos se presentan como esferas de existencia que forman el esqueleto sobre el cual se teje el universo, cada uno representando distintos niveles de realidad y conciencia. El primero, Azilut, es el mundo de la Emanación, donde todo es unidad y la luz divina brilla sin filtro, un estado de ser que nos invita a reconocer nuestra conexión más pura con la fuente de todo lo que es. Aquí, la sanación comienza con la remembranza de nuestra esencia divina, un recordatorio de que somos reflejos de esa luz inalterable, invitándonos a disolver las ilusiones de separación.

Descendiendo un plano, encontramos Beriah, el mundo de la Creación, donde esa luz divina comienza a tomar formas, ideas y pensamientos, marcando el nacimiento del potencial y la posibilidad. Este es un reino de entendimiento profundo, donde las semillas de nuestra realidad se plantan en el fértil suelo de lo posible. Luego está Yesirah, el mundo de la Formación, el taller del alma donde esas ideas y potenciales se moldean y definen, un recordatorio de que somos cocreadores en nuestra existencia, llamados a dar forma consciente a nuestras vidas. Finalmente, Assivah, el mundo de la Acción, es donde todo lo pensado y formado se manifiesta en la materia, el escenario de nuestra experiencia diaria. Este viaje a través de los Cuatro Mundos nos enseña sobre la interconexión de todos los niveles de ser, desde la chispa divina más etérea hasta la manifestación más concreta, guiándonos hacia la sanación integral al recordarnos la importancia de alinear cada aspecto de nuestro ser con la luz original que todo lo permea.

Este antiguo marco nos ofrece un camino hacia la curación holística, invitando al equilibrio en las dimensiones espiritual, intelectual, emocional y física de nuestra existencia. Al alinearnos con el flujo divino de energía, abrimos la puerta a la curación profunda y al rejuvenecimiento. Deja que esta meditación sea un viaje, un ejercicio de visualización en el que tú, el lector, puedas sumergirte por completo, guiado por las palabras y el silencio entre ellas.

Empieza por encontrar un lugar tranquilo y confortable, donde puedas sentarte o tumbarte sin ser molestado. Asegúrate de que tu cuerpo está relajado y de que tu postura invita a la relajación. Cierra los ojos e inspira profundamente varias veces, sintiendo cómo el aire entra y sale de los pulmones, un ritmo que calma la mente y el cuerpo.

Mientras nos adentramos en esta exploración meditativa, abre tu corazón a las energías curativas del universo. Establece tu intención para este viaje, no sólo de curación, sino de crecimiento, guiado por la estructura divina de los Cuatro Mundos. Deja que tu voz sea serena, tu tono suave, creando una atmósfera de confort y apoyo para esta meditación profunda. Después de guiarte a través de cada mundo, haz una pausa pensativa, permitiendo la reflexión personal y la absorción de las energías curativas.

Azilut (Emanación) - Conexión con lo Divino:

- Visualízate dentro del reino de Azilut, un dominio de pura luz divina y unidad. Aquí, tu esencia se funde con la luz infinita, un mar de luminosidad donde te abraza el amor incondicional. Siente esta unidad, este abrazo divino que sostiene y nutre.

- Haz una pausa ahora y reflexiona sobre esta unidad.

Beriah (Creación) - Claridad Intelectual y Propósito

- Transición al mundo de Beriah, donde la voluntad divina comienza a manifestarse. Imagina un cielo vasto y claro que simboliza tu conciencia, en el que fluye la inspiración divina, aclarando tu propósito y disipando las dudas. Abraza la sabiduría y la perspicacia que llegan, llenándote de luz.

- Haz una pausa ahora y reflexiona sobre esta claridad.

Yesirah (Formación) - Curación emocional:

- Entra en Yesirah, un reino de emociones, imaginándote en medio de una tranquila masa de agua bajo el suave resplandor de la luna. Sumérgete en estas aguas y deja que limpien tus heridas emocionales. Con cada ola, deja ir el dolor, el miedo y la negatividad, dando la bienvenida a la paz, el amor y el equilibrio.

- Haz una pausa ahora y reflexiona sobre esta transformación.

Assivah (Acción) - Sanación física y manifestación:

- Por último, entra en Assivah, el mundo físico. Imagina un jardín exuberante y vibrante que simboliza tu ser físico. Mientras caminas, siente la energía de la tierra rejuveneciendo tu cuerpo, cada paso fortalece tu conexión con el reino físico, alineándote con la armonía divina.

- Haz una pausa ahora y reflexiona sobre este rejuvenecimiento.

Para concluir, trae suavemente tu conciencia de vuelta al presente, enriquecida por la armonía y la curación de cada uno de los Cuatro Mundos. Comienza a mover los dedos de las manos y de los pies, respira profundamente y, cuando estés preparado, abre lentamente los ojos. Reflexiona sobre el viaje que has emprendido, sintiendo la curación holística y el equilibrio que ha traído a tu ser. Deja que esta sensación de renovación te acompañe a medida que avanzas en tu día.

Shevirat HaKelim (la Rotura de los Vasos)

La Shevirat HaKelim, o la Rotura de los Vasos, es un concepto fascinante en la Cábala que nos habla de un momento primordial en el proceso de la creación, donde los recipientes destinados a contener la luz divina no pudieron sostener su intensidad y se quebraron, dispersando chispas de esa luz divina por todo el mundo material. Este relato simbólico nos invita a reflexionar sobre la naturaleza fragmentada de nuestra realidad y sobre cómo, en cada uno de esos fragmentos, en cada uno de esos desafíos o sufrimientos, yace oculta una chispa de divinidad esperando ser redimida y reintegrada.

Desde una perspectiva de sanación, la Shevirat HaKelim nos enseña sobre la importancia de reconocer y recoger esas chispas de luz en nuestra propia vida, entendiendo que cada experiencia de quebranto y cada fractura en nuestro ser no es más que una oportunidad para redescubrir y restaurar la unidad original. Nos anima a mirar nuestras heridas y nuestros dolores no como errores o fallas, sino como puertas hacia una comprensión más profunda de nuestra esencia y como caminos hacia nuestra propia sanación y completitud. Este proceso de reunir las chispas dispersas es un viaje de retorno hacia la totalidad, un recordatorio de que, incluso en la rotura, hay un propósito sagrado y una oportunidad de transformación y luz.

Para esta meditación, nos adentramos en los profundos temas cabalísticos de Shevirat HaKelim (la Rotura de los Vasos) y Tikkun (Reparación), abrazando el viaje transformador de la fragmentación a la totalidad. Esta práctica reflexiva te guía en el reconocimiento de las vulnerabilidades e imperfecciones, no como defectos, sino como puertas hacia el crecimiento y la sanación, encarnando el proceso de reintegración y restauración.

Empieza por encontrar un espacio sereno donde no te alcancen las interrupciones. Siéntate cómodamente, apoyando los pies en el suelo para reforzar tu conexión con la presencia nutritiva de la tierra. Cierra los ojos y respira profundamente, atrayendo la tranquilidad con cada inhalación y liberando la tensión y el estrés con cada exhalación.

Al embarcarnos en este viaje, abre tu corazón al concepto de Shevirat HaKelim, viendo las dificultades y penas de la vida como vasijas rotas. No son meros actos de destrucción, sino oportunidades para una profunda curación a través de Tikkun, el acto sagrado de reparación y restauración.

A lo largo de esta meditación, deja que tu tono sea de compasión y comprensión, ofreciendo un espacio de apoyo para la introspección y la sanación. Después de cada visualización, permite un momento de silencio, concediendo tiempo para un profundo compromiso con las imágenes y sensaciones evocadas.

Reconocimiento del quebrantamiento

- Visualización de las vasijas: Imagina una colección de vasijas, cada una de ellas única y hermosa, pero con grietas o roturas. Estas vasijas simbolizan áreas de tu vida afectadas por el dolor, la decepción o la fragmentación. Haz una pausa para reflexionar.

- A pesar de sus imperfecciones, visualiza una luz divina que brilla a través de las grietas de cada recipiente. Esta luz encarna tu resistencia y fortaleza, resaltando la integridad inherente que yace en tu interior, a pesar de las roturas externas. Pausa ahora para reflexionar.

Viaje a Tikkun

- Imagínate a ti mismo recogiendo con ternura cada fragmento, reconociendo las lecciones y fortalezas que cada pieza representa. Con cada fragmento que recoges, honras tu viaje y el crecimiento que ha fomentado. Pausa ahora para reflexionar.

- Cura a través de la reintegración. Visualiza estos fragmentos uniéndose, encontrando cada uno el lugar que le corresponde. Cuando se unan, imagina que las grietas se sellan con oro, como en el arte del Kintsugi, donde las roturas se remiendan con laca dorada o plateada, celebrando la belleza de la imperfección. Este sello dorado simboliza la curación, la belleza de abrazar e integrar tus experiencias, transformando la ruptura en sabiduría y fortaleza. Pausa ahora para reflexionar.

Hazte uno con el Todo

- Visualiza la vasija restaurada de nuevo, con sus grietas llenas de luz dorada, más exquisita y única que antes. Se erige como un símbolo de tu viaje de sanación, celebrando la perfección que se encuentra dentro de la imperfección, la fuerza dentro de la vulnerabilidad.

Para concluir, vuelve suavemente tu conciencia al presente, sintiendo el apoyo de la tierra bajo ti. Respira profundamente y, cuando te sientas preparado, abre lentamente los ojos. Aférrate a la imagen de la vasija restaurada, un símbolo de tu resistencia, tu capacidad de curación y la belleza intrínseca de tu camino hacia la plenitud.

Esta meditación es una invitación a ver tus retos y heridas no como meras aflicciones, sino como parte integrante de tu crecimiento y curación. A través de la práctica regular, cultiva un sentido más profundo de aceptación, resistencia y plenitud dentro de ti.

Pardes (El Huerto)

Pardes, que literalmente significa "huerto" en hebreo, es una metáfora exquisita que nos invita a entrar en el vasto jardín de la sabiduría y el conocimiento que ofrece la Torá, explorando sus verdades a través de cuatro niveles de profundidad y entendimiento. Imagina un huerto lleno de árboles cuyas raíces se hunden profundamente en la tierra y cuyas ramas alcanzan hacia el cielo, cada uno representando los distintos aspectos de la sabiduría contenida en los textos sagrados. El primer nivel, Peshat, es el suelo fértil, el significado literal de las palabras, el punto de partida para cualquier exploración, ofreciéndonos una comprensión directa y accesible de las enseñanzas. Es aquí donde comenzamos nuestro viaje, con los pies firmemente plantados en la tierra, reconociendo la historia y los mandamientos en su forma más básica.

A medida que nuestras raíces se adentran más en el suelo, descubrimos Remez, el nivel alegórico, donde las pistas y los símbolos ocultos en el texto comienzan a revelarse, guiándonos hacia verdades más profundas ocultas bajo la superficie. Este es el dominio de las parábolas y las metáforas, invitándonos a mirar más allá de lo obvio. Luego, profundizando aún más, llegamos a Derash, el nivel interpretativo, un espacio de indagación y reflexión donde las historias y los mandamientos se expanden a través de la exégesis y la discusión, revelando aplicaciones y lecciones para nuestra vida cotidiana. Es aquí donde el texto cobra vida, convirtiéndose en una guía para la acción y el crecimiento personal. Y finalmente, en las profundidades más ocultas del huerto, encontramos Sod, el nivel místico o secreto, donde los misterios más esotéricos de la Torá nos esperan, ofreciéndonos un vistazo a la estructura íntima del universo y nuestra conexión con lo Divino. En este nivel, la Torá se transforma en un puente hacia lo inefable, un encuentro íntimo con lo sagrado. La exploración de Pardes no es solo un ejercicio intelectual, sino un viaje espiritual que ofrece caminos hacia la sanación y la transformación personal, recordándonos que dentro de las palabras sagradas yace un universo de sabiduría esperando ser descubierto.

Para esta meditación, nos aventuraremos en el concepto místico de Pardes (el Huerto), explorando los cuatro niveles de comprensión e interpretación dentro de la Torá: Peshat (el significado literal o simple), Remez (pistas o significado alegórico), Derash (significado interpretativo) y Sod (significado secreto o místico). Este viaje simboliza nuestra búsqueda de una visión más profunda, la curación y la conexión divina, invitándonos a descubrir la sabiduría en capas contenida en nuestro interior y a nuestro alrededor.

Elige un lugar tranquilo donde puedas sentarte sin ser molestado, adoptando una postura que combine la comodidad con la atención. Cierra suavemente los ojos y respira profunda y tranquilamente para entrar en un estado de relajación y apertura.

Imagínese en el umbral de un magnífico y místico huerto, Pardes, repleto de árboles cargados de frutos de sabiduría, perspicacia y curación. Deja que tu voz sea tranquila y acogedora, llena de un sentido de asombro, mientras atravesamos el huerto y sus capas de comprensión, embarcándonos en un viaje de exploración y descubrimiento. Después de presentar cada nivel de Pardes, haremos una pausa para que puedas reflexionar y asimilar los conocimientos presentados.

Peshat (Comprensión Simple

- Al entrar en el huerto: Entra en el huerto y disfruta del Peshat, la belleza sencilla que te rodea: observa los colores vibrantes, inhala las fragancias y toca las texturas. Esta capa representa los aspectos fundamentales de tu comprensión y percepción, encarnando los elementos claros y directos de tu vida.

Remez (Pistas):

- Profundiza en el huerto, donde el entorno sugiere significados más profundos más allá de lo literal. Remez te invita a identificar signos y símbolos en tu vida, alegorías que apuntan a verdades mayores. Ábrete a la interconexión de lo visible y lo invisible en tu existencia.

Derash (Significado Interpretativo):

- Explorando más allá: Adéntrate en el huerto, en un lugar donde los árboles susurran historias e interpretaciones. En el reino de Derash, comprométete con los significados interpretativos más profundos de tus experiencias, comprendiendo las lecciones que ofrecen y cómo esculpen tu viaje.

Sod (Significado secreto o místico):

- Llegar al corazón del huerto: Llegar al núcleo del huerto, un reino de profundo silencio e iluminación, donde los secretos del universo se despliegan suavemente. En el dominio del Sod, conecta con los aspectos místicos y secretos de la existencia, descubriendo la chispa divina que reside en tu interior y a tu alrededor. Experimenta la unidad con el cosmos, una unidad que teje todos los niveles de comprensión.

Para concluir, vuelve sobre tus pasos a través del huerto, cada zancada reuniéndote con las percepciones de cada nivel de Pardes. Con cada movimiento, reintegra estas percepciones a tu conciencia, tejiéndolas en el tejido de tu ser.

Cuando te sientas preparado, abre lentamente los ojos y vuelve al presente, renovado e iluminado, con una comprensión más profunda de ti mismo y del universo.

A través de la exploración en capas de Pardes, esta meditación sirve como conducto para una profunda percepción personal y sanación espiritual. Al navegar de lo simple a lo místico, descubres verdades más profundas en ti mismo y en el cosmos, fomentando la curación y una sensación de plenitud total.

El Árbol de la Vida

El Árbol de la Vida es una idea importante en la Cábala que nos ayuda a entender cómo todo en el universo está conectado. Imagina un árbol grande: sus raíces están en la tierra y sus ramas alcanzan el cielo. Este árbol tiene diez puntos especiales, llamados sefirot, que son como escalones o niveles que representan diferentes partes de la vida y de lo divino. Estos puntos están unidos por caminos, formando una red por donde fluye la energía vital.

Cuando hablamos de sanar con ayuda del Árbol de la Vida, nos referimos a usar este concepto para encontrar equilibrio y bienestar. Cada uno de los diez puntos nos invita a pensar en aspectos como el amor, la sabiduría o la fuerza. Al meditar en ellos, podemos identificar qué nos falta o qué tenemos en exceso, buscando maneras de equilibrarnos. Este proceso no solo nos ayuda a sentirnos mejor con nosotros mismos, sino que también mejora nuestra relación con los demás y con el mundo.

En esta meditación, nos embarcaremos en un viaje transformador a través de los senderos místicos del Árbol de la Vida, cada paso nos invita a descubrir una armonía más profunda entre nuestra existencia física y nuestra esencia espiritual, guiándonos hacia un profundo crecimiento personal y hacia la plenitud.

Comienza por encontrar un espacio sereno donde puedas sentarte sin ser molestado, con la postura erguida pero relajada, los pies firmemente apoyados en el suelo y las manos descansando suavemente sobre tu regazo. Cierra suavemente los ojos, invitándote a una sensación de paz mientras inspiras y espiras profundamente. Con cada inhalación, deja que la tranquilidad inunde tu ser y, con cada exhalación, libera el peso del estrés y las preocupaciones.

Imagina que estás a los pies del imponente Árbol de la Vida, con sus ramas extendidas hacia el cielo, un puente entre lo terrenal y lo divino. Este magnífico árbol encarna la estructura del cosmos, y tu paso por sus reinos simboliza la búsqueda de la restauración interior y la plenitud.

Mailjut (Reino): Comienza tu ascenso en Mailjut, la base, donde sentirás una profunda conexión con el mundo tangible. Percibe la estabilidad y el alimento que emanan de la tierra y que te enraízan en el momento presente. Haz una pausa aquí y reflexiona sobre esta sensación de apego seguro al mundo que te rodea.

Yesod (Fundamento): Elévate a Yesod, la esfera del equilibrio emocional. Imagina que te baña un resplandor relajante, iluminado por la luna, que armoniza tus sentimientos, suavizando el flujo y reflujo de tus mares interiores. Tómate un momento para absorber esta luz tranquila, permitiendo que restaure tu equilibrio emocional.

Hod (Esplendor) y Netzach (Victoria): Avanza a través de los reinos de Hod y Netzach, donde la mente y el corazón se alinean. Imagina estas energías fusionándose en tu interior, intelecto y emoción en perfecta unión, fomentando la claridad y la calidez en igual medida. Haz una pausa para apreciar la belleza de esta armonía interior.

Tiféret (Belleza): Asciende a Tiféret, el corazón del Árbol, donde emanan la luminiscencia y la belleza divinas.

Deja que esta luz sagrada te infunda, sanando y unificando tu esencia, y desvelando el espíritu radiante que reside en tu interior. Reflexiona sobre esta experiencia de luz interior y plenitud.

Geburá (Fuerza) y Jesed (Misericordia): Navega por el equilibrio entre Geburá y Jesed, encontrando coraje en medio de los desafíos y compasión en el perdón. Siéntete imbuido del poder para superar y de la gracia para perdonar, equipándote para la curación y el progreso. Haz una pausa para abrazar estas fuerzas duales de resistencia y benevolencia.

Biná (Entendimiento) y Jojmá (Sabiduría): Asciende aún más a Biná y Jojmá, las sedes de la perspicacia y la sabiduría profundas. Abre tu corazón y tu mente a las lecciones de la vida, dando la bienvenida a la iluminación que nace de la experiencia. Tómate un momento para conectar con este manantial de conocimiento y perspectiva.

Kéter (Corona): Por fin, llega a Kéter, el pináculo de tu viaje, donde tocas la esencia de lo divino. Sumérgete en la unidad y la paz sublimes de esta conexión última, rodeado por la luz pura y envolvente del cosmos. Haz una pausa para saborear esta profunda unión y tranquilidad.

Cuando tu meditación llegue a su fin, recorre suavemente tu camino por el Árbol de la Vida, cada paso impregnado de las percepciones y la sanación obtenidas de las Sefirot. Siéntete enriquecido y reequilibrado, iluminado por el viaje. Cuando te sientas preparado, abre lentamente los ojos y regresa al mundo físico transformado, llevando contigo los dones del equilibrio, la iluminación y un espíritu rejuvenecido.

Ain Soph Aur (La Luz Ilimitada)

Ain Soph Aur significa "La Luz Ilimitada" y es una idea de la Cábala que habla sobre el comienzo de todo, una luz que existe antes de que cualquier cosa fuera creada, como una energía pura y sin fin. Piensa en el espacio antes de que hubiera estrellas o planetas, solo lleno de esta gran luz. Esta luz es como el punto de inicio de todo lo que existe, algo muy grande y difícil de entender, pero es de donde viene todo.

Cuando usamos este concepto para sanar, es como si nos conectáramos con esa energía original y pura. Ain Soph Aur nos recuerda que todos venimos de un lugar lleno de bondad y posibilidades infinitas. Pensar en esta luz puede ayudarnos a sentirnos más unidos con todo el universo, a encontrar respuestas cuando estamos confundidos y a recordar que estamos conectados con algo mucho más grande. Esto nos puede ayudar a soltar lo que nos duele, a sanar emociones difíciles y a sentirnos renovados, alineándonos con esa energía poderosa y tranquila que está en todo.

Este viaje te guiará a través de un proceso inmersivo de fusión con esta luz ilimitada, trascendiendo los confines de los reinos físico y espiritual para fomentar la sanación profunda y la unidad con lo divino.

Comencemos por encontrarnos en un lugar sereno donde puedas sentarte o reclinarte, libre de interrupciones. Colócate de manera que te sientas relajado pero atento. Con los ojos suavemente cerrados, inicia un ritmo de respiraciones profundas e intencionadas. Siente cómo el aire entra y sale de tu cuerpo, llevándote a un estado de profunda calma.

Ahora visualiza una extensión de luz suave y radiante ante ti: es el Ain Soph Aur, la encarnación de la posibilidad infinita y el manantial de toda curación. Déjate atraer por la tranquilidad y la calidez de esta Luz Ilimitada, que simboliza la esencia misma de la creación y el amor divino.

1. Conexión inicial

- Imagina que los límites de tu ser comienzan a suavizarse y a fundirse con la luz radiante que te rodea. Con cada respiración, sumérgete más profundamente en su abrazo, liberándote de las limitaciones de la existencia física y mental.

- Tómate un momento para experimentar plenamente esta fusión, permitiendo que una sensación de paz te inunde.

2. Disolución en la Luz

- Deja que todos los pensamientos, preocupaciones y sensaciones se desvanezcan en el Ain Soph Aur. Imagina que cualquier malestar o dolor se envuelve tiernamente en esta luz divina, transformándose en curación y consuelo.

- Haz una pausa para permitir que este proceso de curación se desarrolle, sintiendo que cada parte de ti se rejuvenece.

3. Unidad con lo Divino

- Mientras te envuelves por completo en la Luz Ilimitada, abraza la profunda unidad con lo divino. En este espacio sagrado, la ilusión de separación se desvanece; estás entretejido con el tejido de toda la existencia, una parte armoniosa del todo universal.

- Reflexiona sobre esta unidad, sintiendo la paz expansiva y la conexión que proviene de ser uno con todo.

4. Absorbe la energía curativa

- Dentro del abrazo infinito de la luz, concéntrate en las áreas de tu vida o de tu ser que buscan curación. Visualiza estos aspectos impregnados de la energía nutritiva de Ain Soph Aur, iluminándolos con vitalidad y plenitud.

- Haz una pausa para ser testigo de esta transformación, a medida que la energía curativa te revitaliza desde tu interior.

5. Transformación

- Siente cómo la Luz Ilimitada provoca profundos cambios en tu interior: espirituales, emocionales y físicos. Sé testigo de la reparación de viejas cicatrices, la disolución de patrones del pasado y el surgimiento de tu verdadera esencia luminosa.

- Tómate un momento para asimilar estas transformaciones, abrazando el yo renovado que resplandece.

6. Regresa suavemente

- Comienza la transición de tu conciencia de regreso al mundo tangible, aún entrelazada con la esencia de Ain Soph Aur. Enraizado pero infinitamente expandido, trae la luz y su sanación de vuelta a tu existencia cotidiana.

- Haz una pausa una vez más, integrando este sentido expandido de ti mismo con la realidad física.

Mientras te preparas para concluir esta meditación, respira profundamente, abre gradualmente los ojos, trayendo la sensación de renovación y conexión de vuelta al momento presente. Siéntete vigorizado, curado y profundamente conectado con la infinita luz divina que impregna toda la creación.

Zimzum

Tzimtzum, o Zimzum, es un concepto de la Cábala que describe cómo, según la tradición mística judía, Dios creó espacio para el universo al contraerse. Imagina que todo el espacio está lleno de luz divina y, para crear el mundo y todo en él, esa luz tuvo que hacerse a un lado, creando un vacío. En este espacio vacío es donde se formaron el universo, la tierra y la vida. Es una idea que muestra cómo, incluso en la ausencia, hay una presencia y un propósito, cómo el acto de hacer espacio puede ser un acto de amor y cómo la limitación puede dar origen a la creación.

Pensar en Tzimtzum nos ayuda a entender la importancia de hacer espacio dentro de nosotros mismos para el crecimiento y la sanación. A veces, para que algo nuevo y saludable entre en nuestras vidas, necesitamos hacer espacio, retirando viejas creencias, dolores o patrones de comportamiento que ya no nos sirven. Este concepto nos invita a reflexionar sobre cómo podemos contraernos, o hacer espacio, para permitir que la luz y la sanación entren en nuestras vidas, recordándonos que, a veces, es necesario soltar para recibir y crecer.

Para esta meditación, nos embarcaremos en un viaje a través del concepto cabalístico de Zimzum, una exploración en el reino donde la esencia divina se contrae, creando un vacío sagrado. Este vacío, desprovisto de la presencia divina, nos invita a descubrir nuestro yo más íntimo, invitando al crecimiento personal, al autodescubrimiento y a la sanación. A través de esta práctica, aprenderemos a abrazar el silencio y el vacío como vías para descubrir nuestra chispa divina interior, facilitando así un proceso de sanación profundo y transformador.

Mientras te acomodas en un estado de relajación, prepara tu corazón y tu mente para explorar el concepto sagrado de Zimzum. Este acto divino de hacer espacio, una retirada deliberada, permite que el universo y nuestro libre albedrío se manifiesten. Nos brinda una oportunidad única para buscar y conectar con la chispa divina que reside en cada uno de nosotros.

Ahora, respira profundamente y visualiza que la luz infinita de lo divino comienza a contraerse. Imagina que esta contracción crea a tu alrededor un vasto espacio vacío: es el vacío sagrado de Zimzum, rebosante de potencial. Haz una pausa ahora y reflexiona sobre esta visualización, sintiendo la expansión y la oportunidad que presenta.

En este vasto vacío, libera todas las expectativas, deseos y preconceptos. Permítete simplemente existir en este momento, experimentando la profunda quietud y el espacio para embarcarte en una exploración interior. Haz otra pausa, dejando que esta sensación de vacío te invada.

Dirige tu atención hacia el interior, buscando en las profundidades de este vacío tu propia chispa divina. Aunque pueda parecer diminuta en la inmensidad de la ausencia divina, esta chispa es tu esencia, tu conexión con el infinito. Haz una pausa y reflexiona sobre esta luz interior, sintiendo su presencia dentro de ti.

Una vez que identifiques tu chispa divina, visualízala cada vez más brillante y vibrante con cada respiración. Siente su calor y su luz extendiéndose por todo tu ser, iluminando tu camino hacia la curación y el autodescubrimiento. Vuelve a hacer una pausa, alimentando este resplandor interior.

Con esta luz interior como guía, permite que tu conciencia se expanda, llenando el vacío dejado por el Zimzum. Experimenta un renovado sentido de unidad con lo divino, reconociendo que este espacio de retiro es también uno de profunda conexión y potencial. Haz una pausa para asimilar plenamente esta comprensión.

Al concluir esta meditación, imagina que llevas la conciencia de tu luz divina interior a todos los aspectos de tu vida. Deja que ilumine tus pensamientos, acciones e interacciones, guiándote a ti y a los que te rodean por un camino de iluminación y compasión. Haz una última pausa para consolidar esta intención.

Olamot

Olamot, en la Cábala, se refiere a los "mundos" o dimensiones de la realidad. Esta idea nos enseña que el universo no es una estructura simple y unidimensional, sino que está compuesto por varias capas o niveles de existencia, cada uno con sus propias características y propósitos. Piensa en el universo como un edificio de varios pisos, donde cada piso representa un mundo distinto. Estos mundos van desde lo físico y concreto hasta lo espiritual y abstracto, conectándose y afectándose mutuamente de maneras complejas y profundas.

Cuando hablamos de sanación desde la perspectiva de los Olamot, nos referimos a la idea de que la sanación puede ocurrir en varios niveles de nuestro ser. No solo se trata de curar el cuerpo físico, sino también de atender nuestras emociones, pensamientos, y nuestro espíritu. Esta visión nos invita a considerar cómo las diferentes áreas de nuestra vida y nuestro ser están interconectadas, y cómo un cambio en una puede influir en todas las demás. Al entender y trabajar con esta interconexión, podemos buscar una sanación más completa y profunda, que abarque todo nuestro ser y nos alinee con la armonía del universo.

Este viaje guiado tiene como objetivo alinear tu alma con los atributos divinos encapsulados en cada mundo, facilitando una profunda curación y crecimiento espiritual.

Busca un lugar tranquilo donde puedas sentarte sin que nadie te moleste, en una posición cómoda y con los pies bien apoyados en el suelo. Cierra suavemente los ojos y deja que tu respiración fluya de manera profunda y uniforme, inhalando serenidad y exhalando cualquier malestar o tensión.

Imagina que estás al comienzo de un magnífico viaje espiritual que atraviesa los Cuatro Mundos Cabalísticos: Assivah (Acción), Yesirah (Formación), Beriah (Creación) y Azilut (Emanación). Cada mundo te ofrece una perspectiva y una fuerza únicas, llevándote cada vez más cerca de la esencia divina.

Empieza visualizándote en Assivah, el mundo que refleja nuestra realidad física. Conéctate con Mailjut, el Sefirot de los cimientos y el mundo tangible. Imagina una fuerza poderosa que te ancla a la tierra, dándote estabilidad y bienestar físico. Haz una pausa ahora, reflexionando sobre esta conexión con la tierra y tu existencia física.

Sube a Yesirah, el plano emocional y de relaciones, y encuéntrate en la presencia de Tiféret, el corazón del equilibrio y la belleza. Visualiza un sol radiante dentro de tu corazón, cuya luz armoniza tus emociones, promoviendo el equilibrio y la compasión dentro de ti y a tu alrededor. Haz una pausa para sentir esta armonización de tu ser emocional.

Profundiza en Beriah, el reino del intelecto, donde habitan Biná y Jojmá, símbolos de comprensión y sabiduría. Imagina estas Sefirot como esferas brillantes de luz en tus sienes, iluminando tu mente con percepciones profundas y conocimiento divino. Tómate un momento para absorber esta iluminación, permitiendo que la sabiduría llene tus pensamientos.

Asciende al reino más elevado, Azilut, y conéctate con Kéter, la corona de la conciencia y la voluntad divinas. Imagina una corona luminosa descendiendo sobre tu cabeza, su luz conectándote directamente con la voluntad divina y guiándote hacia tu propósito espiritual más alto. Haz una pausa y disfruta de esta conexión, sintiéndote uno con lo divino.

Consciente de la energía de cada Sefirot dentro de ti, visualiza cómo se armonizan a través de los cuatro mundos, alineando tus dimensiones física, emocional, intelectual y espiritual. Experimenta una sensación de fortalecimiento, plenitud y equilibrio perfecto. Reflexiona sobre esta armonización, sintiendo su poder transformador.

Para concluir esta meditación, vuelve suavemente al presente. Siente el suelo bajo tus pies, toma una respiración profunda y, cuando te sientas listo, abre lentamente los ojos. Lleva contigo la fuerza, la sabiduría y el equilibrio que has adquirido al recorrer los mundos y Las Sefirot a todos los aspectos de tu vida diaria.

Or HaGanuz

"Or HaGanuz" se traduce como "La Luz Oculta" y es una idea de la Cábala sobre una luz muy especial que Dios creó al principio de todo, pero que tuvo que esconder porque era demasiado poderosa. Piensa en ella como una luz que tiene todos los secretos y la sabiduría del mundo, pero que solo se puede ver o entender si alguien es muy espiritual o en momentos muy especiales.

Cuando hablamos de sanar con la idea de "Or HaGanuz", es como decir que dentro de nosotros y en el mundo hay cosas buenas y especiales esperando ser descubiertas. Nos anima a mirar más profundo en nosotros mismos y en la vida para encontrar esas partes ocultas que pueden ayudarnos a entender mejor las cosas y a sanar de verdad. Al pensar en "Or HaGanuz", nos damos cuenta de que incluso cuando las cosas parecen difíciles, siempre hay algo bueno y sabio escondido que puede ayudarnos a sentirnos mejor y a entender más el mundo.

Esta luz oculta, reservada a los justos, nos es accesible en momentos de profunda percepción y conexión espiritual. Nos centraremos en conectar con esta luz divina, permitiendo que cure nuestras heridas más profundas, ilumine nuestras almas y revele la unidad y la bondad intrínsecas de toda la creación.

Cierra los ojos y respira profunda y lentamente, alejándote del mundo exterior y dirigiendo tu atención hacia el interior.

Mientras te sumerges en un estado de profunda relajación, dirige tu mirada interior hacia la conexión con el Or HaGanuz. Invita a su energía pura y curativa a envolverte, iluminando cada faceta de tu ser con su luz divina.

Visualiza un punto de luz distante y radiante que simboliza el Or HaGanuz. Esta luz encarna la esencia de toda bondad, curación y sabiduría en el universo. Concédase un momento para reflexionar sobre esta fuente de iluminación divina.

Imagina que te sientes atraído hacia esta luz, como si una fuerza magnética de amor incondicional y compasión te acercara. A cada paso, la luz se hace más brillante e intensa, pero su tacto es calmante y ofrece una profunda curación. Haz una pausa para sentir esta atracción y el calor creciente de la luz.

Al llegar a la fuente de la Luz Oculta, deja que te rodee e impregne por completo. Siente su calor divino sanando cada célula, cada sombra dentro de tu alma, borrando todo dolor y llevando luz a cada rincón de tu ser. Tómate un momento para disfrutar de esta iluminación, sintiendo la transformación que trae consigo.

En esta presencia sagrada, abraza un profundo sentido de unidad con todo lo que existe. Date cuenta de la bondad subyacente que conecta a todos los seres, una unidad fundamental que el mundo físico simplemente oculta. Reflexiona sobre esta revelación, sintiendo la unidad con la creación.

Visualiza cómo absorbes la Luz Oculta en tu interior, convirtiéndola en una parte indeleble de lo que eres. Esta luz será tu guía, ofreciéndote sabiduría y sanación siempre que la invoques. Haz una pausa para integrar esta luz plenamente en tu ser.

Con el Or HaGanuz ahora dentro de ti, intenta convertirte en un faro de esta luz divina. Imagina cómo podrías compartir su curación y sabiduría con el mundo a través de tus acciones y tu presencia. Reflexiona sobre cómo convertirte en un recipiente de esta luz, difundiendo su bondad allá donde vayas.

Para concluir esta meditación, vuelve suavemente al presente, respirando profundamente para sentirte conectado a la tierra y, al mismo tiempo, elevado, con la luz sagrada que reside en tu interior. Cuando te sientas preparado, abre los ojos suavemente, volviendo a tu entorno, imbuido de una sensación de paz, curación y un propósito renovado.

FIN.

Otros libros

Neville Goddard:
Haz Tus Deseos Realidad:
El Poder Infinito del YO SOY

William Walker Atkinson
MAGIA MENTAL EL SECRETO DEL ÉXITO: El Poder De La Sugestión Y La Ley De La Atracción

El Nuevo Juego de la Vida y Cómo Jugarlo:
Obras Completas de Florence Scovel Shinn Actualizadas para el Siglo XXI

Neville Goddard
SENTIR ES EL SECRETO DEL YO SOY: Incluye la obra Sentir es El Secreto y diez de las mejores conferencias de Neville Goddard actualizadas

Alan Watts
La Era de la Ansiedad
Sabiduría para asumir la inseguridad como camino hacia la paz interior.

Neville Goddard:
La Biblia: El Manual Secreto del "Yo Soy"
Simbología De La Biblia Revelada Como Un Poderoso Manual De Psicología.

Colección Así Será
El Juego de la Vida en el Siglo 21
(El Poder del YO SOY actualizado)
www.Asi-Sera.com